THINK TANK
REPORT

上海文化产业供给侧改革的制度研究

Research on the institutional supply side reform of Shanghai cultural industry

王海冬 / 著

上海社会科学院出版社
SHANGHAI ACADEMY OF SOCIAL SCIENCES PRESS

目 录

导论：上海文化产业供给侧改革中制度建设的艰巨性与必要性 …… 001

一、上海文化产业供给侧制度改革的现状与问题 …… 005
 （一）上海文化产业供给侧制度改革的国际差距 …… 005
 （二）上海文化产业供给侧方面存在的制度问题 …… 011
 （三）文化供给侧制度改革要解决的主要问题 …… 016

二、上海借鉴其他国家供给侧制度改革的经验与教训 …… 023
 （一）美国经验 …… 024
 （二）德国经验 …… 027
 （三）日本经验 …… 032
 （四）阿根廷经验 …… 035

三、上海要及时提供文化产业知识产权世界传播的制度保障 …… 037
 （一）中美、中日之间曾经发生过的知识产权摩擦 …… 037
 （二）上海要独辟蹊径进行知识产权制度建设 …… 042

四、上海的文化产业链制度建设要补上社区一环 ……… 047
（一）某些社区街道的非遗保护与传承现状 ……… 048
（二）文化产业链制度建设中缺失社区一环的原因分析
……… 050
（三）使社区成为文化遗产的守护者与文化产业创新的建设者 ……… 051

五、上海让百年老店焕发文化魅力的制度建设 ……… 053
（一）重视百年老店的文化发展史 ……… 053
（二）为复兴百年老店而要建立的公益性组织 ……… 057

六、上海发展郊区特色文化园区的制度建设 ……… 060
（一）"一镇一品"展示的郊区文化产业的发展潜力 ……… 060
（二）促进上海郊区发展文化产业的相关制度 ……… 062

七、上海国际合作项目中彰显本土文化的制度建设 ……… 069
（一）东京迪士尼中融入了日本文化元素的考察 ……… 070
（二）对上海迪士尼融入本土文化元素的思考 ……… 072
（三）国际合作项目中彰显本土文化的制度建设 ……… 074
1. 进一步健全让非公有制经济市场准入的地方法规 ……… 074
2. 进一步完善产权保护制度的地方法规 ……… 075
3. 建立统一的外国人才管理体制的地方法规 ……… 075

4. 进一步健全市场公平竞争保障机制的地方法规 ………… 075

　　5. 进一步健全金融机构促进文化产业发展的地方法规 ………… 075

　　6. 进一步促进外商投资体制改革的地方法规 ………… 076

　　7. 建立现代文化市场体系的地方法规 ………… 076

八、进一步完善上海自由贸易试验区发展文化产业的制度建设 ………… 077

　（一）上海自由贸易区制度建设的视野应该更加国际化 ………… 078

　（二）上海自由贸易区制度建设要加速实现其文化产业全景图 ………… 079

　（三）上海自由贸易区制度建设要点 ………… 081

　　1. 完善负面清单管理模式的制度 ………… 082

　　2. 建立采信第三方信用产品和服务制度 ………… 082

　　3. 信息共享制度 ………… 083

　　4. 综合执法制度 ………… 083

　　5. 社会力量参与市场监督的制度 ………… 083

　　6. 确立艺术品国际交流制度 ………… 084

　　7. 确立人才自由流动制度 ………… 084

九、上海从消费升级看供给侧制度改革的重点 ………… 085

　（一）上海文化消费的现状与存在问题分析 ………… 085

1. 上海文化贸易顺差后文化消费的新形势 ·········· 085
2. 上海文化消费不及整体经济发展水平的原因分析
   ··· 089

(二) 提升上海文化消费水平的制度建设 ·········· 092
1. 上海文化市场需进一步细化,以提供便捷的文化
   消费渠道 ··· 092
2. 上海文化产业要及时采用新技术、发展新兴市场
   ··· 093
3. 增强农村的文化消费 ·························· 093
4. 增强优质文化产品的供给 ···················· 093
5. 上海要扩大电影、戏剧低价票 ··············· 094
6. 上海要进一步建立实用耐用的文化设施 ··· 094
7. 切实增加居民收入,率先建立和完善社会保障
   体系 ··· 094
8. 加强品牌建设,提升文化产品质量 ·········· 095
9. 激发民间投资活力,补齐服务业短板 ········ 095

十、海派文化再次产业化的制度保障 ·········· 096
(一) 要迅速转变上海的城市建设理念 ·········· 096
(二) 倾长三角之力来建设海派文化风貌一条街 ···· 098
(三) 海派文化资源为"一带一路"倡议服务的制度保障
    ··· 099
(四) 鼓励海派文化本土文艺创作的制度保障 ······ 101

十一、上海实现长三角地区文化产业一体化的制度建设 ······ 105
 （一）"超级文化区域"的理论提出与上海实践 ············ 107
 （二）打破行政壁垒，长三角文化产业一体化要错位发展
                         ········ 108
 （三）长三角地区文化产业一体化的抓手与制度 ········ 109
  1. 建立文化企业退出机制的长三角地区的统一
    法规 ·· 110
  2. 进一步建立文化创新投资管理方式和投融资
    机制的地方法规 ·· 110
  3. 规范长三角地区一体的文化创新领军人物权利
    和义务的地方法规 ··· 110

结语 ··· 111
参考文献 ··· 112

导论：上海文化产业供给侧改革中制度建设的艰巨性与必要性

当前，世界正处于大发展、大变革、大调整时期，全球化发展进入新阶段，西方发达国家的民粹主义、贸易保护主义、单边主义有所抬头，"逆全球化"寒流涌动。开放还是封闭，前进还是后退，人类面临着新的重大抉择。① 在这个历史关头，上海文化产业供给侧制度改革显得尤为艰巨和必要。

当下中国正在开展的供给侧结构性改革是贯穿"五大发展理念"和"五大支柱政策"的重要线索，是与整个发展思路理念和整体宏观政策相配套的改革政策，不仅覆盖面很广，而且需要体制机制的建设和保障。② 文化产业更是如此，当前文化产业的逻辑重点也

---

① 刘光明：《决定当代中国命运的关键抉择》，《解放军报》2018年5月30日。
② 刘志强：《2018，供给侧改革如何深化》，《经济研究》2018年第1期。

已经转向了供给侧结构改革,老百姓的需求已经进入了精神消费与品质消费的新时代,其供给侧结构性改革关键是制度,制度建设是现代市场体系不可替代的部分。党的十九大又一次强调了市场在资源配置中发挥决定性作用。只有通过根本性制度变革,合理界定政府与市场、政府与社会的治理边界,实现三者各在其位又互动,才能真正实现国家治理现代化,这对供给侧结构性改革至关重要。要保障中国的供给侧结构性改革继续顺利进行,一系列体制、机制创新的制度性保障是根本。

近年来,上海供给侧改革成效显著,把"三去一降一补"等重点任务与上海实际结合,以产业结构调整为引领,重在降低制度性交易成本,破解制约科技创新和扩大开放的制度性短板,同时,更好地发挥政府作用,用规划引领市场行为、用法治规范市场行为、用政策调节市场行为。经济正在健康转型,朝着更高质量、更有效率、更加公平、更加可持续发展的方向发展,这些是我们今天及时进行文化产业供给侧制度改革的必要基础。

文化产业的供给侧改革是整个中国供给侧结构性改革的重要部分。文化产业是上海经济发展的新亮点,因此上海文化产业供给侧改革的制度研究有其时代紧迫性,但要系统地进行制度建设涉及文化企业根本性的变化,有着任重道远的艰巨性。随着"大众创业,万众创新"热潮的掀起,文化创意产业由于自身门槛不高、硬件要求不强的优势吸引了大量怀有梦想与创意的创业者;在业内,内容创新、形式创新、业态创新不断涌现,成为文化企业经营发展新的着力点。近年来,中央出台了一系列鼓励创新创意的政策,在培育大型骨干文化企业的同时,也更加注重扶持小微文化企业的成长。要达到与文化有关的大小企业都能发展,制度创新成为关键。

根据上海城市规划,[①]上海要建设卓越的全球城市,即创新之城、人文之城、生态之城。这个规划将国家战略、民众期待、上海实际结合了起来,是上海在国际上的地理、文化、经济、科技诸方面因素铸成的战略目标。在由富变强的新时代要实现这一战略目标,上海的城市建设不仅是硬件要达到世界一流,文化软实力也要力争国际领先地位,包括实现"一带一路"的民心相通工程。

2017年5月14—15日,"一带一路"国际合作高峰论坛在北京举行,习近平主席出席高峰论坛开幕式,并主持领导人圆桌峰会。一年来,"一带一路"建设稳步推进,取得了不少实质性成果。在此过程中,人们越来越注意到了文化的重要性。[②]

2018年5月,中共中央政治局常委、国务院副总理韩正[③]主持召开推进"一带一路"建设工作领导小组会议。在会上他提出:"一带一路"建设是以习近平总书记为核心的党中央作出的重大决策,是推动构建人类命运共同体的重要实践平台。要深入推进发展战略对接和政策沟通、聚焦"六廊六路多国多港"主骨架建设、加强金

---

① 参见《上海市长:上海已基本具备建设卓越全球城市的条件》,上海市市长应勇表示:上海已基本具备建设卓越全球城市的条件。2016年,上海编制了新一轮的城市总体规划,提出未来发展的目标和愿景,就是到2040年上海要成为卓越的全球城市——令人向往的创新之城、人文之城、生态之城。上海将按照国家部署,坚持全球视野,对标国际一流,不断增强城市的吸引力、创造力、竞争力,加快向卓越的全球城市迈进。http://www.chinanews.com/gn/2017/09-17/8333041.shtml。
② 胡键:《"一带一路"为什么要进行跨文化交流?》,上观新闻网站2017年5月18日。
③ 韩正曾长期在上海工作,担任过上海市市长和市委书记。

融合作,提高金融服务"一带一路"建设水平等。① "一带一路""六廊六路多国多港"主骨架建设的"六廊"是指中蒙俄、新亚欧大陆桥、中国—中亚—西亚、中国—中南半岛、中巴、孟中印缅国际经济合作走廊;"六路"是指铁路、公路、水路、空路、管路、信息高速路互联互通路网;"多国"是指选取若干重要国家作为合作重点;"多港"是指构建若干海上支点港口。该方案于2016年提出,2018年韩正再次强调,这个方案围绕"一带一路"的重点方向和重点国家,进一步发挥亚洲基础设施投资银行和丝路基金的桥梁作用,打造"一带一路"建设支点和标志性合作项目。那么要实现这个国家战略目标,上海就要完善对外人文交流平台,推动与沿线国家建立更加紧密的联系,夯实"一带一路"的民意基础和社会基础,推进与其民心相通的文化工程。对上海文化产业的制度性建设提出具体的路径与要求。

在这个伟大的历史过程中,要实现长三角地区经济、文化一体化,才能落实上海作为卓越的全球城市应有的四大品牌——"上海服务""上海制造""上海购物""上海文化"。② 我们要根据国家对上海的国际战略定位思考其现状、存在问题、可以借鉴的有关国家供给侧制度改革的经验,从而找到上海及相邻的长三角地区文化产业的发展之道。

---

① Capitalnews.
② 舒天楚:《上海着力推动"四大品牌"发展,具体将怎么做?》,《中国知识产权报》2018年5月7日。

一、上海文化产业供给侧制度改革的现状与问题

(一) 上海文化产业供给侧制度改革的国际差距

《上海市文化发展战略》提出:"到2020年把上海基本建设成为国际文化大都市,使上海成为文化事业高度繁荣、文化产业高度发达、文化品位高度提升的现代文化城市,成为全国文化中心之一,成为国际文化交流中心。"2016年秋天,在市民、专家和规划师的共同参与下,上海又提出了迈向2040年的宏伟愿景——将25年后的目标设定为卓越的全球城市,成为令人向往的创新之城、人文之城、生态之城。这是上海发展的远期目标。要实现这两个目标,就要在认真学习习近平总书记关于供给侧改革的重要思想基

础上,及时确立上海文化产业供给侧改革的地方政府法规和文化企业的规章制度,给发展卓越的全球城市相符合的文化产业以制度性保障,这样才能使文化产业发展可持续。

创新力是文化产业的核心,只有提升创新力才能从根本上提高上海文化产业的国际竞争力以及国际影响力。这种创新力主要是文化产业的创新团队经过艰苦的精神劳动创造出来的,创新力的可持续发展要有制度作为保障。上海市人大代表韩娜以文化产业公开的数据表明:上海文创产业在2014年总产出8 386.21亿元,比上年增长8.7%,在2014年中国盛世文化产业排行榜中获文化产业"影响力指数"的第1名,但是"驱动力指数"则处于第10位。此外,韩娜在进行城市比较时发现,纽约文化创意人才占都市人才就业人数总和的比例约为12%,伦敦为14%,东京为15%,而上海仅有0.1%。高端人才的匮乏使文化产业在创新上失去了核心竞争力,是文化产业发展动力不足的主要原因。[①] 这说明上海文化产业落后于纽约、伦敦、东京等世界城市的根本原因是高端人才的匮乏,而文化产业的创新团队是高端人才的主体。因而,吸引人才、留住人才,只有从制度创新的角度才能真正解决。

文化产业所生产的文化产品凝聚着中华民族的文化精神,因此发展文化产业是使中国精神在世界传播必不可少的重要方面,虽然近年来上海在文化产业方面已经取得了可喜的成就,但还没有根本改变其产业层级相对低端的现状,主要表现在低端的文化

---

① 《人大代表:高端人才匮乏阻碍上海文化发展,需要更多产业领袖》,https://www.the Paper.cn/news Detail_forward_1425361。

产品制造业和文化服务业方面，也即缺少知名的文化品牌和高端的文化服务。文化产业作为上海建设现代化文化大都市的支柱性产业，其支撑的比重和内容还不够。文化产业低端文化产品产能过剩而多样性的文化产品供给不足，供给侧两个方面的问题都存在，影响了上海文化产业链的形成。这种状况和纽约、伦敦、东京、巴黎等大都市一比较，更加一目了然。关键是制度的确立。

纽约是一座世界级国际化大都市，直接影响着全球的经济、金融、媒体、政治、教育、娱乐与时尚界。2013年，其GDP超越东京，位居世界第一。2011年，纽约美国国内游客有4 030万人，国外游客1 060万人。百老汇每年为纽约贡献超过22亿美元。纽约的文化娱乐业是仅次于金融业的第二大产业。以百老汇音乐剧为核心的时报广场经济圈年度营业总额逾1 100亿美元，占全市年总产值18%，而政府投入最多的重点是各种"草根"艺术团体、社会公益性基层文艺社团的文化项目，被视为纽约文化产业链的基础，形成了制度。虽然文化娱乐业是纽约第二大产业，但政府并没有把"产业"二字放在首位，而让文艺仅限于为经济搭台。市长布隆伯格说："市政府应该将支持社区文化发展放在首位，以鼓励文化创新。"在"草根"文艺活动项目中，"公园里的莎士比亚"是一个范例。每年夏天，纽约中央里公园都要进行莎士比亚戏剧的免费演出，这被称为莎士比亚戏剧节，是纽约夏季艺术狂欢的重头戏之一，也是纽约大众文化与经典戏剧艺术结合的典范。半个多世纪以来，"公园里的莎士比亚"不仅表演了150多场莎士比亚和世界经典名剧，还作为实验剧场，为新人新剧提供崭露头角的机会。一些新戏在这里免费演出之后，登上了百老汇和林肯艺术中心的大舞台，有的还得了戏剧表演托尼奖。目前，这个露天剧场已成为经典戏剧与大众文化良性互动的平台。

伦敦的创意产业成绩显著。1997年至今，英国整体经济增长了70％，创意产业却增长了90％多，发展速度远高于总体经济，而伦敦的创意产业总值占了英国创意产业总值非常大的比重，如2000年就达到了24.68％。2001年，伦敦的创意产业人均产值约为2 500英镑，几乎相当于英国的两倍。伦敦创意产业凭借着每年210亿英镑的产出值，目前已经成为仅次于金融服务业的第二大支柱产业，而且文化产业得到金融业的支持与引领，也形成了制度。根据2014年公布的官方数据，英国的创意产业每年为其国家经济贡献高达714亿英镑，相当于平均每小时就有800万英镑入账，英国拥有欧盟最大的创意产业，是文化产品和服务出口最成功的国家，其中伦敦功不可没。伦敦拥有全国40％的艺术基础设施、2/3的电影制作岗位、70％的电视制作公司、3/4的广告业岗位。伦敦贡献了全国设计业总产值的50％、音乐产业总产值的70％、出版业总产值的40％。当前英国全部约1 100个独立电视制作公司中，近700个①都位于伦敦。伦敦还拥有全国85％以上的时尚设计师、40％以上的出版业从业人员。更为重要的是，伦敦已经成为全球的创意中心，被认为是全球三大广告中心城市之一，2/3的国际广告公司的欧洲总部都设在伦敦。伦敦充分利用了

---

① 包括几乎所有的大公司。

其世界一流的法律和金融配套服务。在知识产权保护方面,伦敦领先于世界上诸多城市,拥有完善的法律服务体系和相关制度。伦敦作为全球领先的金融中心,拥有宽松的融资环境和强大的融资能力,伦敦创意产业对外资的吸引力和融资能力高居世界各大都市榜首。伦敦政府协同金融界和民间投资者积极支持有发展潜质的创新型个人或企业,建立政府、银行、行业基金、创意产业间紧密联系的融资网络,设立各种资金资助计划和制定扶持性税收政策,对创意产业予以支持,从制度安排的资金上为创意产业的发展铺平道路、创造条件。

进入1990年以后,东京化工、石油、钢铁等产业全面退出。因为在日本"泡沫"经济崩溃后的长期衰退过程中,日本政府为了刺激经济增长,在金融、通信服务等行业部门实施了各种制度改革,实际上也是一场供给侧方面为主的改革,打破了行业垄断,降低了行业进入壁垒,促进了金融、租赁、广告、信息服务以及各种专业服务业的发展。此外,"总部"集聚使生产性服务业和房地产业稳定发展,产值逐年上升。生活相关娱乐服务业、房地产业和饮食餐饮业都成为东京都内环的主导产业,三类产业在内环地区均拥有较高的产业集聚度。其中,内环地区从事生活相关娱乐服务业的事业所数占整个东京都的65.3%,从业人数占整个东京都的59.7%。在东京特定产业政策的推动下,出版印刷业从20世纪80年代开始成为主导产业,如今已成为第一制造业,2009年起,其事业所数、从业人数、产值分别占东京都全部制造业的20.1%、19.7%和16.4%,占据了整个制造业1/5左右的份额。由于东京的杰出贡献,日本的文化产业得到了极大的发展,在拓展国际市场方面更是成果巨大,占世界市场份额仅次于美国而居世界第二位。今天代表了日本当代流行文化的动漫、游戏,主要始于20世纪的七八十年代,这种不同于过去日本传统文化的大众文化,很大程度上可以说是一种受到了大量欧美文化影响的混血文化。[①] 究其根源,可以说是明治、大正年间日本社会对于欧洲文明的向往,以及战后横行世界的美国大众文化,再加上日本战后一代人的"反体制文化"。这种流行文化也正是从日本战后的一代开始风靡起来。大量生产、消费的产业链,再加上面向国际化的市场,以及高科技和复合的媒体与媒体资本的支配,使得日本的文化产品很快在世界范围内流行开来。在经济近乎停滞的这20年间,其文化产品却仍然以极快的速度走向世界。

巴黎的市区面积并不大,但是有很多文化中心、艺术中心、体育中心、娱乐中心、阅览中心、资料中心和信息中心,其总数多达300多个。巴黎还拥有134座博物馆、170多家歌舞厅、350个电影厅、141个剧院和64所市属公共图书馆。巴黎的体育设施在世界城市中也是名列前茅的,在仅仅105平方千米的面积里,有400多座体育设施;巴黎的群众性体育组织也相当多,仅社区体育组织就有600多个,各种俱乐部3 500多个。法国大约有1.4万座古代建筑和遗址被列为历史古迹,其中,巴黎受到保护的古建筑有3 115座,像著名的卢浮宫、埃菲尔铁塔、巴黎圣母院、巴黎歌剧

---

① 王晓薇:《中国供给侧改革的"他山之石"》,《华夏时报》2016年4月1日。

院和凯旋门等历史建筑都保存完好,就连在公众看来不起眼的下水道也成了巴黎著名的旅游景点。据法国相关部门的统计,作为文化产业的一部分,巴黎的文化旅游业城市GDP的比重一般年份均能达到20%以上,成为法国旅游业的领头羊,这些都落实到制度保障上。① 巴黎文化软实力的逐步提升并最终成为"文化之都",最重要的不是资金,而是创造适宜文化生存的土壤。

相比之下,上海的文化事业与文化产业规模和实际对经济发展的贡献率,还是和这些已经建成的国际文化大都市有较大差距的,关键在于制度创新。

(二) 上海文化产业供给侧方面存在的制度问题

2013年数据显示,我国电视台最大的电视剧容量是7 000集,但却生产了1.7万集,有1万集成为库存,造成人力和财力的极大浪费。电影、书籍产能过剩情况也同样严重,上海也如此。另外一方面是有市场前景、多样性的文化产品却供给不足,或者根本没有形成产业化。如上海海派文化中的土山湾手工工艺、海派旗袍制作技艺、海派木偶戏、海派连环画、海派黄杨木雕、海派面塑、滑稽戏与独角戏、吹塑纸版画、松江顾绣、奉贤滚灯、嘉定竹刻、余天成

---

① 陈思吟:《巴黎旅游业复苏 全年游客数有望增至8 900万》,《好奇心日报》2017年8月25日。

堂中药制作技艺、手狮舞、钱万隆酱油酿造工艺、六神丸制作技艺、亨生奉帮裁缝缝纫技艺、海派玉雕技艺、海派绒线编结技艺、海派剪纸艺术、奉贤山歌剧等非遗保护项目,都有鲜明的文化上的唯一性,应该有相当一部分成为当下上海建设国际文化大都市中文化产业的组成部分,但可惜的是,大部分没有产业化,甚至连传承也后继无人。我们以上海土布为例,分析一个有地方特色的历史传统工艺当今却没有形成产业化,来说明上海文化产业供给侧方面存在的制度问题。

笔者曾多次实地考察过奉贤区庄行镇,那里的土布民俗工艺是我国第一批非遗保护项目——乌泥泾黄道婆手工棉纺织技艺的重要发展。自元代至元年间起,随着黄道婆棉纺织工艺在上海地区的广为流传,庄行也深受影响,民间涌现出众多的能工巧手,以家家植棉、户户做布、工艺精湛而成为上海土布的发祥地之一。明洪武初年,有个庄姓人家来该地开设庄家花米行,"庄行"由此而得名。明末清初,庄行是浦南地区的棉花交易中心。据清乾隆《奉贤县志》记载:"今世布之佳者,首推松江,而松江之布尤推奉贤庄行云。"庄行土布之所以在江南地区名列前茅,是因为其传承了黄道婆的棉纺织技术,2009年被列入上海市"非遗"项目。

2007年,庄行群艺馆设立了土布馆,接待中外游客8万余人;成立了庄行土布时装表演队,经常到各地举行"乡村恋"土布时装巡回展示。近年来,在上海奉贤菜花节上有展示用土布做成的拖鞋、手套、头巾、杯垫、围兜、旗袍、上衣、裤子等生活用品和土布画工艺品等。庄行和日本鹿儿岛的姐妹乡文化交流中,土布旗袍是重要的展示内容。土布礼品还曾到台湾展览。2012年,庄行土布馆已搬到该地的旅游中心新屋内,名为"民俗地",成为该镇农业旅游的门面。2013年6月,庄行镇开展了非物质文化遗产传习活动。这些都说明保护与传承土布这项传统工艺对当地的农业旅游业与新农村建设都有一定的积极意义。但我们在调查中也看到,菜花节上一些土布产品因为量小成本高价格偏贵,大部分游客只是好奇地看一看而已,并不购买。现在已经设计出来的土布礼品,大部分只是供人参观或用于评奖,所以土布工艺的民俗文化产业没有形成规模,没有可持续发展的保障,更不知道未来的市场在哪里。

笔者认为真正的"瓶颈"问题是民俗开发没有树立起整体互动协调发展的理念,没有充分认识到这种民俗工艺的全国影响与世界影响,认识上的局限性造成了措施上的不得力,缺乏有关制度的保障。

黄道婆之前,松江是用手工剥去棉籽,后来是黄道婆教人们做成搅车:单架,高1.5尺,上下装两个木滚轴,相对而转,将棉籽挤出,一人的劳动效率可当4人。她对纺织手工艺的主要贡献还有:发明了被后世称为"黄道婆纺车"的脚踏三锭纺车,大大提高了工作效率。[①] 马克思在《资本论》中说过:"当未发明珍妮纺纱机时,德国有人发明了一种有两个纱锭的纺车,但能够同时纺两根纱的纺织工人却几乎和双头人一样不易找到……"珍妮纺纱机是18世

---

① 黄道婆生平,百度百科网。

纪60年代英国人发明的,而早在14世纪初中国人黄道婆就创造了脚踏三锭纺车,可见黄道婆在这方面的成就。黄道婆还开发了棉织物的新品种,创造了名扬天下的"乌泥泾被",为中国的新棉纺中心提供了必要的科技物质基础。当时,元代来华的意大利大旅行家马可·波罗在《马可·波罗游记》一书中提到:华商运往印度的商品以棉、丝绸为大宗。元代典籍《岛夷志略》记载的中国输往海外的棉纺品有土布、大棉布等34种。在元代,中国土布就成为海上丝绸之路国际贸易的大宗商品。以致明代的小说《金瓶梅》等都有到松江贩卖棉布的情节,松江棉布影响之大可见一斑。

早在16世纪,中国便盛行棉布外销的生意。美国学者摩尔斯根据英国东印度公司的档案记载研究发现,18、19世纪的欧洲,穿着中国紫花棉布是一种时髦。英国伦敦博物馆展出的19世纪30年代的英国绅士时装便是杭绸衬衫和紫花布裤子,土布成为东西方商品贸易和文化交流的珍品。但这肯定不是庄行一地就能产生的国际影响,上海和我国许多地方曾经都生产过土布,甚至直到今天还有发展。如崇明土布起始于元末明初,至明朝中叶时已十分兴盛,每年都有数十万匹土布外运。到清光绪年间时,崇明土布的生产数量急剧增加,每年运至外地销售的布匹达二百五十万匹之多,成为继松江、江阴后的土布生产第三大县,单经过海上丝绸之路到国外的土布数量就可以围绕地球3圈半。[①] 江苏南通的棉纺织技术源自松江府,是上海土布的嫡传子孙。20世纪初,南通土布

---

① 宋荣耀:《80后姑娘与崇明土布的传奇故事》,《风瀛洲》2017冬卷。

便以其精湛的手工织造、独特的工艺印染以及粗厚坚牢、经洗耐着的特性享誉海内外,成为南通历史上的出口大宗。

上海的国家级非遗保护项目之一——具有棉纺织技艺的土布,有冬暖夏凉的穿着特点,是纯绿色产品,今天仍然受到国内外消费者的欢迎,有广阔的国际市场。笔者认为:像庄行土布这样历史上非常有影响的民俗特色文化产品,只有全国整体互动协调发展,才能形成可持续发展的文化产业。因此庄行要主动与土布产业搞得比较好的地方联合起来,如与上海市内的崇明、廊下等郊区联合,和国内的山东、陕西、江苏等省市联合,从生产技术、生产规模、销售渠道等方面互相学习、互相合作,才能使黄道婆棉纺织工艺传承下来形成的这项海派工艺获得新生,恢复土布"首推庄行"的历史荣光。上海的宣传部门和宣传媒体也要支持土布的国际宣传,让世界上更多的人看到中国土布在世界纺织历史中作出的杰出贡献。同时上海要引导土布产品在大型国际文化交流平台进行展销,在上海迪士尼乐园等设立相关的专卖店,培养一批高品格的文化设计人才进行相关的创作与创新,努力使其再次文化产业化。这些路径的实施都要有相关制度来保障。

庄行土布工艺只是市郊非遗项目实现产业化的一个实例,实际上,上海市郊可以区域联动的非遗项目很多,如海派绒绣、三林刺绣、青浦石雕、金山灶画、浦东琵琶、奉贤滚灯、江南丝竹等,关键是上海市、区政府要从供给侧方面制定出台组织文化产业机构、建设基础设施、培育文化人才的良好政策,制定出有关规章制度,才能促成各地各方面的协调联动。

（三）文化供给侧制度改革要解决的主要问题

"供给侧改革"是从供给、生产端入手，将发展方向锁定新兴领域、创新领域，创造新的经济增长点。文化产业作为新兴业态和朝阳产业，是未来我国经济转型发展的主要阵地。当下以"文化＋"带动的跨界融合效应开始显现，各路资本开始进军文化领域，诞生了"文化＋科技""文化＋贸易""文化＋金融""文化＋旅游"等多元融合的新模式，不仅为传统资源注入了活力，重构了产业经济的生态环境，也为打造更多个性化、分众化、多样化的产品和服务拓展了新思路。商业模式的创新意味着其运营制度的根本改革，为经济发展带来全新的发展可能性。这种新业态和新生产模式，在生产要素资源配置中大大发挥了优化和集成作用，同时，传播渠道的拓展也推进了文化产业自身结构的战略性调整，在文化产品的创作、生产制作和营销传播等多个环节中整合多方资源、加强互相协作。整个过程是一个配套的制度创新系统，才能使产业链整合成为推动供给侧结构性改革的重点，如此才能降低成本、提高效率，发挥集群效应。如华谊兄弟除了每年推出的影视作品外，还基于自身丰富的影视 IP 资源库，积极布局实景娱乐、影视娱乐、互联网娱乐等多方面业务，通过纵深上下游产业链拓宽文化产品和服务供给，收获显著。许多实体书店开始与创意商品零售、休闲空间打造相结合,并通过与电商的融合打造了线上线下经营销售一体化的新模式,一改其市场颓势局势。2015 年,腾讯公司推出的《勇者大冒险》成为首个泛娱乐明星 IP 打造的实践案例,由网络作家南派三叔进行世界观架构和小说创作,沿着 IP 跨界共生的路线,在短时间内陆续推出了手游、动画、动漫、视游等多种产品。从这些企业的实践可以看出,互联网发展到今天,正促使文化创意产业从"粉丝经济"向"创意者经济"过渡,也就是从过去的以榜样为中心、用户围绕的模式,到现在的去中心化,集合企业、用户、专家等各方智慧和创意的新型生产模式。这种"创意者经济"将以前的 EGC(企业生产内容)、UGC(用户生产内容)、PGC(专家生产内容)三种模式统合起来,在互动协商的过程中决定商品的价值。

近年来,我国文化产业保持了迅猛发展的态势,正逐渐成长为国民经济支柱性产业;同时,文化产业也在发展过程中面临着资源使用效率不高、创新力不足、文化精品缺乏等问题。面对转型升级的要求,如何从供给侧发力,通过创新生产思路,创造新的消费增长点,以更多更高品质的文化产品供给释放市场活力,将是文化产业未来持续健康发展的关键所在。这是全国性的文化产业现状和存在的问题,对上海而言,也是文化产业改革的关键,原因是中国存在的文化产业问题上海也严重存在。如近年,中国的文学艺术无疑已经进入了一个前所未有的丰沛时期。从数量上看,文艺创作达到了空前的繁荣。据各方面不完全统计,2010 年,中国小说类新书数量为 4 300 多部,长篇小说总量达到前所未有的 3 000 余部;电影 526 部,实现票房 101.72 亿元;电视连续剧 405 部,约 1.5

万集;动画片年产量22万分钟,动漫产业总产值470.84亿元;舞台剧4 000台,演出市场收入为108亿元。仅从产量来说,我们的文艺创诸多数字已稳居世界第一。繁荣的景象体现在生产创作的各个环节。从文学原创到剧本制作,从电影电视到舞台表演,从题材圈地到后期加工,从文艺创作到文艺评论,全国各地都在不惜重金,延请知名导演、作家、编剧、舞美、灯光、音乐、演员,挖掘本地历史素材、神话传说、改革风貌、时代风情,全力打造"史诗性"的精品巨作。但问题仍然严重存在。但令人遗憾的是,尽管有着几何级数的量的增长,文艺创作的景象并不容乐观。从整体状况来看,我国的文艺生产与消费其实远还没有达到真正繁荣的境地,能进入院线与观众见面的影片不足百部,火爆的舞台演出不足一成,能够打动人心的文学作品更是屈指可数。我们还没有培育出多少大师级的艺术家,没有创作几部真正具有史诗性质和时代纪念碑式的作品。追溯和总结近年来文化发展的脉络,我们不难发现,在当下文艺创作中,存在着十大恶俗现象,它们分别是回避崇高、情感缺失、以量代质、近亲繁殖、跟风炒作、权力寻租、解构经典、闭门造车、技术崇拜、政绩工程。正是这十大恶俗现象,阻碍着文艺创作的健康发展。中国的文学艺术,不缺少故事,而是缺乏表达;不缺少能力,而是缺乏责任;不缺少资源,而是缺乏灵性;不缺少资金,而是缺乏生命。"在相当多的剧作中,我们看不到艺术家的个人冲动,却可以一眼看出遵命之作、受命之作的明显痕迹,看到赚钱捞钱的强烈欲望和非审美的功利欲望冲动。在地方政府有关部门、领导的指令下,在高额酬金的驱动下,把文艺创作的过程变成了按编剧技巧剪辑素材的技术加工。"音乐的歌词创作已经进入了一个"恍惚时代"。"创作群体恍惚，受众群体也恍惚；电视媒体恍惚，纸质媒体也恍惚；专家和大众一起恍惚。"词作家宋小明说。在某种意义上，歌曲创作是容易展示人的价值的艺术形式，从业人员很多，歌曲创作没有门槛。也正是这个原因，领导介入、长官意志最容易在这里萌发，政绩工程、形式主义也最容易在这里泛滥。① 总之，我们今天相当一部分文艺企业的创作失去信仰、灵性、判断和方向，是缺乏想象能力、缺乏自由精神、缺乏思考意识的表现形态。在加快文化产业发展的背景下，某些艺术门类已经迅速成为"人傻、钱多、速来"的"产业行业"。市场经济的幽灵过多地进入了有艺术殿堂之称的文化产业，游戏规则如果只有市场法则，正如北京市文联副主席索谦所言："我们无力阻挡市场经济的泛化，但我们可以清醒地认识并大声宣告：只靠市场引导和利益驱动，不可能坚持先进文化的先进方向；只靠市场引导和利益驱动，不可能促进文艺真正的繁荣和发展；只靠市场引导和利益驱动，不可能培养出真正杰出的文艺家；只靠市场引导和利益驱动，不可能创作出经典的优秀文艺作品。"确实，一部分文化产品失去了生活的感悟和思考；失去了心灵的激荡和升华；失去了真情的表达和呼唤。可见，系统的制度建设不仅仅要考虑文化产业市场的经济效益，而且作为一种就是产品的文化产品，还要考虑到文化产品对人们精神世界的巨大、深刻影响。单纯对文化产品的经济效益追求的负面表

---

① 《痛批文艺界十大恶俗现象！》，《人民日报》2018年4月11日。

现形态典型地反映在文艺批评中,媒体上的一些宣传和炒作代替了文艺批评,而"友情褒扬""红包评论"使得文艺批评面临诚信危机,缺乏深刻的思想、缺少对重大理论问题和文艺问题的思考研究、缺乏深度、缺乏担当,更使得文艺批评难以担负指导创作的重任。与此同时,伴随新媒体的涌现,网络批评空前活跃,大量书评、影评、剧评、书画评论呈现一种"另类的繁荣和狂欢"。大量的文艺批评已经从传统的报纸和杂志转移至网络,主流价值、主流文化、主流声音却被湮没其间。① 要清醒地认识到文化产品对人们心灵世界的深刻影响。如当下网络文学改编的数量多,但精品少,原因是改编者故事加工能力欠缺,无厘头的、搞笑的题材较多。只有有关创意团队加强对文化内涵的挖掘,才能多生产能塑造民族精神风貌的、反映社会关注问题的正能量的文化产品,因为文化产品同时具有意识形态属性和产业属性。

这些当下文化产业存在的问题说明:我国文化产品生产在数量上增势明显,但过于单一化、跟风盛行、精品匮乏。究其原因,我们认为是文化产业供给侧制度改革没有找到突破口造成的,文化市场开放度不平衡没有根本改变,所以造成了具有原创性、思想性的高端产品供给不足,另一些复制性、娱乐性的产品因竞争过度导致生产过剩。应该从推进文化体制改革入手,通过系统的制度设计,排除阻碍文化生产者自主经营、自由选择和公平竞争的消极因素。市场运行机制是影响文化产业增长的内生性驱动因素,文化

---

① 《痛批文艺界十大恶俗现象!》,《人民日报》2018年4月11日。

企业的创造力要得到有效释放,要提高市场化程度,发挥市场在资源配置中的决定作用,就需要更好地发挥政府作用,创造好的条件和环境,鼓励企业、社会组织、个人放手去创造更多品质优良、雅俗共赏的文化产品。所以要在党的十九大精神的旗帜下,推进国有经营性文化单位转企改制,加快文化企业的现代公司制度建设,才能让文化企业在公平的市场竞争环境中焕发出新的生机和活力。通过加强基础教育培养文化经营生产者的审美和艺术素养,让文化产品供给更多元化和现代化,同时引导消费者的品位,通过加强文化产品与百姓生活的结合,让文化创意生活产业迸发新活力。

"一带一路"是中国互利共赢外交的具体实践。党的十八大以来,尤其是十九大提出了把构建人类命运共同体作为中国外交的目标。而人类命运共同体必须要体现和平、合作、发展、共赢的理念,"一带一路"倡议及其实践就是通过互联互通把中国现代化的实践通过和平、合作的方式使"中国奇迹"外溢,并推进中国与其他国家的共赢发展。当然,不管是内部的平衡发展还是外部共赢发展,都需要加强政策沟通、设施联通、资金融通、贸易畅通和民心相通,尤其是民心相通,它是"一带一路"的基础,跨文化交流就是促进民心相通的具体手段。历史上,上海及相邻的长三角地区在元代就为海上丝绸之路畅通全世界作出了重大历史贡献而整体兴起,说明"一带一路"是该地区的传统。在新时代,上海及相邻的长三角地区开始珍惜这个历史文化资源,重视"一带一路"的文化建设,成为长三角再发展的基础。

2017年12月公布了上海《关于加快本市文化创意产业创新发

展的若干意见》。为了实现党的十九大精神指引下实现的战略目标——使未来5年的文化产业增加值比重达到15%左右;到2030年达到18%左右;到2035年,建成具有国际影响力的文化创意产业中心。为此,我们需要找到上海在发展文化产业方面的薄弱环节,使文化产业发展和建设美丽乡村互动,要实现有关战略目标,亟须及时为上海文化产业的供给侧结构性改革提供制度性保障。

二、上海借鉴其他国家供给侧
制度改革的经验与教训

由于经济形势倒逼,世界上有不少国家进行了供给侧制度改革,有失败的教训,也有成功的经验。这是我们今天发展上海文化产业要引以为戒或学习借鉴的。

第二次世界大战后,凯恩斯主义占据了经济学的统治地位,西方国家普遍依据凯恩斯的理论制定政策,对经济进行需求管理,并取得了较大效果。于是凯恩斯主义盛极一时。但是,凯恩斯主义人为地扩大需求,最后导致20世纪70年代西方经济出现生产停滞、失业严重,同时物价持续上涨的"滞胀"局面。于是经济学界纷纷向凯恩斯主义提出挑战,并研究替代的理论和政策。供给学派就是在这样的背景下兴起的。该学派强调经济的供给方面,认为需求会自动适应供给的变化,因而得名,该学派认为:生产的增长决定于劳动力和资本等生产要素的供给和有效利用。个人和企业提供生产要素和从事经营活动是为了谋取报酬,对报酬的刺激能够影响人们的经济行为。自由市场会自动调节生产要素的供给和利用,应当消除阻碍市场调节的因素。这个学派的主要代表人物之一拉弗把供给经济学解释为:"提供一套基于个人和企业刺激的分析结构。人们随着刺激而改变行为,为积极性刺激所吸引,见消极性刺激就回避。政府在这一结构中的任务在于使用其职能去改变刺激以影响社会行为。"这个学派的理论要点如下:

(1) 复活"供给自创需求"的萨伊定律;

(2) 力主市场经济,反对政府干预;

(3) 通过减税刺激投资,增加供给;

(4) 重视智力资本,反对过多社会福利;

(5) 主张控制货币,反对通货膨胀。

下面就分别论述有关国家供给侧制度改革的经验与教训。①

(一) 美 国 经 验

第二次世界大战后,自由派(liberal)意识形态主导美国经济政策制定。美国政府不断增加社会福利开支,并加强对经济的管制

---

① 作为一位全球知名的经济学家,哈佛大学经济学教授马丁-费尔德斯坦(Martin Feldstein)一直对美联储的政策持激烈的批评态度。作为供应学派经济学之父,费尔德斯坦认为如果美联储不大幅加息,那么美国股市就有可能看到9.5万亿美元财富消失。费尔德斯坦直言不讳地批评道,美国经济中脆弱的金融体系是美联储在金融危机后大举购买债券的结果。

以抑制垄断,导致市场失灵。20世纪70年代末,联邦政府总支出占GDP比重达到约25%,相对第二次世界大战结束时翻了一倍,演变成"滞涨"现象,即通货膨胀率持续高涨,而失业率不仅没有像凯恩斯经济学预测的那样下降,反而也在不断上升。"滞涨"现象不仅对凯恩斯经济学构成根本性挑战,也掀起了社会各界对自由派政策的强烈不满。1980年,持保守主义立场的共和党总统候选人里根当选为美国第40任总统。他在就职演讲中宣称,"政府不是解决问题的办法,政府恰恰就是问题的所在"。所以里根上任后,很快就推动国会通过《1981经济复苏税法》,[①]计划将个人所得税整体削减25%,[②]完成了美国历史上最大规模的减税行动。里根总统一系列令人炫目的政治动作,一下子就把名不见经传的供给学派推到了聚光灯下,人们也把里根的经济政策称之为"供给革命"。

该学派真正的创始人来自新闻界,其核心人物是《华尔街日报》时任主编罗伯特·巴特莱及副主编裘德·万尼斯基,他们将该思想总结为"拉弗曲线"并加以发挥:政府减税并配合各种解除管制政策后,人们的劳动积极性会大增,企业也会增大投资,这样产品供给就会增加;而供给增加会引发产品价格的下降,进而解决通货膨胀问题,这套新理论也叫作供给经济学。供给经济学实际上是一系列政策主张的集合,思想根源来自美国学院派经济学中一个叫作作新公共财政理论的流派,领袖是哈佛大学经济学教授马

---

① 俗称坎普-罗斯减税法案。
② 最后实际减税23%左右。

丁·费尔德斯坦，1982—1984年，费尔德斯坦还担任里根政府的白宫经济顾问委员会主席，他因而被公众视作最大牌的供给学派经济学家。里根任内，美国"滞涨"问题基本得到解决，这是里根至今仍然有人气的关键原因，[①]也是其供给侧结构性改革提供制度性保障的正面结果。但是，解决通货膨胀问题，主要得益于时任美联储主席沃克尔采用强硬的货币紧缩政策。[②] 而里根任内联邦政府财政赤字大幅膨胀，占GDP比重提高了一倍以上，超级大国美国一举沦为全球最大债务国，这个负面遗产传承至今，值得我们警惕。

里根后来推出其1986年税改法案时，重点转向减少扭曲，不再追求整体减税了，"供给革命"基本偃旗息鼓。20世纪90年代后，老布什和克林顿总统先后加税，供给经济学逐渐淡出了人们的记忆。里根的"供给革命"，就其本意而言，是希望减少政府对经济的过度干涉以改善微观效率，进而解决供需失衡的短期宏观经济问题。但是从微观效率改进到宏观产出增长，中间还有漫长的传导过程，难以产生里根期待的立竿见影的效果。这是里根的"供给革命"雷声大雨点小的根源，上海文化产业供给侧制度改革要关注其中漫长的传导过程。

对上海发展文化产业最有借鉴意义的是美国里根政府供给侧改革。美国在20世纪80年代的时候成立了一个国家产业竞争委员会，请了定位学派的教授——哈佛大学的教授迈克尔·波特，里根总统任命他为主席，就是希望他用定位来规划国家竞争战略。当时供给侧改革的背景是：第二次世界大战以后，美国通过30多

---

① 美国现任总统特朗普佩服与学习里根总统。
② 王晓薇：《中国供给侧改革的"他山之石"》，《华夏时报》2016年4月1日。

年完成了由农业社会向工业化转型的历程,出现了产能过剩与生产力低下的问题。波特研究为什么美国竞争不过日本,日本在所有的大国崛起里面是唯一不靠新科技、新产业崛起的国家,它纯粹就是靠管理的创新,通过管理创新实现了一个大国崛起,通过管理创新做同样的事情,它比别人做得更好,成本更低。经过研究,波特发现效率的提升只能靠两种方式:一种是做同样的事情,我比你做得更好,成本更低,速度更快;一种是定位,做不同的事情,力争做得与众不同。而里根给产业竞争委员会一个课题就是规划美国的产业,通过定位来规划产业、规划国家定位、规划产业集群定位,做与众不同的事情。我们现在可以看到,20年发展下来,美国反败为胜,压倒了日本。后来美国硅谷崛起——整个集群的崛起。波特的思想主要体现在他1981年出版的《定位》一书中。

美国里根政府供给侧改革的主要制度是:减少政府干预,通过税收优惠鼓励企业再投资和创新,降低个人赋税提升劳动积极性,保持稳定货币供给等;同时通过高效、规范的直接融资体系为孵化互联网、生物科技等新兴产业铺平道路。结果是美国经济盘活存量,激活流量,奠定了25年长期繁荣的基础。[①]

(二) 德 国 经 验

1966—1982年,德国在经济增速换挡后采用需求刺激政策,造

---

① 王晓薇:《中国供给侧改革的"他山之石"》,《华夏时报》2016年4月1日。

成了政府债务和产业结构两大问题。当时德国政府不减速,加大财政投资力度,导致20世纪80年代初出现体制性和结构性问题,表现为:财政常年赤字,债务累积,限制了逆周期财政支出刺激经济的空间,如1983年国债利息支付就占当年联邦政府预算总额的12.3%,使产业结构调整步伐缓慢。对传统工业部门长期补贴,使国际竞争力下降,对外贸易连续3年赤字,马克贬值。[①] 1982—1989年,科尔政府转向供给侧改革,奠定了长期竞争力之基。德国政府供给侧改革通过推进产业结构升级,主要有以下领域:一是对于钢铁、煤炭、造船、纺织等"收缩部门"和"停滞部门"进行"有秩序的适应",严格控制财政补助金,压缩生产、人员和设备;二是对于农业、采煤等有战略需求的部门采取"有目的的保存",通过调整整顿,将该部门最重要的实力保存下来;三是对于电子、核电站、航空航天等新兴工业进行"有远见的塑形"。

在整体进行财政整顿的背景下,各级政府在科研与发展上的经费投入在1981—1985年的年均增长率为4.1%,超过了不到3%的财政支出平均增速。此外,政府还大力推广汽车、纺织等产业的自动化生产技术。制造业产能利用率从1982年的75%左右提高到了1989年的近90%。德国供给侧制度改革的路径、措施和成效如下:

1982年,科尔政府上台后提出了"多市场、少国家"的偏向供给侧的经济政策,采取了六个方面的措施:

(1) 整顿财政,削减社会福利,压缩政府开支;

---

① 王晓薇:《中国供给侧改革的"他山之石"》,《华夏时报》2016年4月1日。

(2) 实施减税；

(3) 帮助企业控制劳动力、能耗等成本的增长；

(4) 推进联邦资产的私有化；

(5) 推进产业结构升级，对"收缩部门"和"停滞部门"进行"有秩序的适应"，对有战略需求的部门进行"有目的的保存"，对新兴产业进行"有远见的塑形"；

(6) 货币政策与财政政策协调配合，保证币值稳定。

供给侧改革取得的效果是：在1983—1989年供给侧改革期间，德国的国家支出比例、财政赤字、新债务减少，经济实现稳定增长，通货膨胀温和，贸易顺差逐年增加，出口和净出口跃居世界第一位，马克成为欧洲货币体系的"定锚货币"和第二大国际储备货币，这些都为东、西德统一打下了坚实基础。负面影响则是这一时期德国的失业率一直保持在高位。

在供给侧改革期间，德国资本市场走向繁荣，出现以下新情况：

(1) 财政风险下降，无效融资需求收缩，贸易逆差和马克贬值趋势得到扭转，联邦银行贴现率和无风险利率得以稳定下降；

(2) 改革提速提升市场风险偏好；

(3) 经济基本面全面向好；

(4) 居民财富的增长使增量资金进入股市。1982—1989年间，DAX指数增长了2.6倍，上市企业数量持续增加，资本市场得到突破性发展。[①]

---

① 王晓薇：《中国供给侧改革的"他山之石"》，《华夏时报》2016年4月1日。

德国供给侧制度改革后,经济基本面全面向好,投资者风险偏好提升,居民财富的增长使得他们有富余的资金投入股市,股市指数从1982年到1985年一路飙升,上市企业数量持续增加,资本市场得到突破性发展。国家支出比例、财政赤字、新债务都减少了,经济政策重获信任,国家内部重建稳定。经济实现稳定增长。1983—1989年,GDP平均增速达到2.6%。通货膨胀得到控制,居民购买力提升。1981—1985年,居民收入提升速度与物价涨幅接近,而1986—1990年,居民收入提升18%,物价只上涨7%,贸易逆差得到扭转,实现顺差逐年增加,出口和进出口余额跃居世界第一位。德国马克由于其内部稳定、适用范围广和不受限制的可兑换性,发展为1979年建立的欧洲货币体系的实质上的"定锚货币"和第二大国际储备货币。

上海可以借鉴的德国供给侧制度建设要点如下:

(1) 及时推动市场出清。德国在20世纪70年代凯恩斯主义盛行时期偏离了财政平衡的道路,多年的投资计划和财政赤字最终造成了无风险利率高企、产能过剩、贸易赤字等经济问题。科尔政府上台后改革的第一步就是整顿财政秩序,控制财政支出和政府债务增速,为之后的减税措施留出空间。

(2) 迅速降低企业成本。供给侧改革的关键在于充分发挥企业的作用。德国科尔政府上台后即提出"多市场、少国家"的方针,从税收、劳动力、能耗等各方面迅速降低企业成本,放松管制,成功地将德国经济从危机中拯救了出来。

(3) 及时提升有效供给。德国在20世纪80年代初面临出口市场被日本等国家挤压，对外贸易连续3年逆差。在供给侧改革后，有针对性地对不同产业进行结构性改革，发展新兴产业，同时重视科技研发和职业教育、推行自由贸易政策等高增长时期的体制和政策，从而实现了贸易顺差的逐年增长。①

（4）货币政策要稳定。在供给侧制度改革后，德国的货币政策更加专注于控制国内通货膨胀，既防止了在结构调整困难时期政策转向投资刺激的倾向，也提高了国内产品的出口竞争力。

（5）汇率政策要稳定。德国马克通过持续、温和、谨慎地推动汇率升值，既给国内企业以时间来适应，也适度增加了国内结构调整压力。

（6）坚持制度性保障。德国到1982年底才真正开始实施中期目标为导向的供给侧改革。供给侧改革见效较慢，改革中整顿财政、减税、淘汰落后产能等措施会触及很多人的利益，往往阻力重重。供给侧改革只有一系列的制度性保障，才能巩固其成果。

总之，比较值得借鉴的是德国的供给侧改革经验。其主要做法是：德国政府始终奉行制造业立国的理性定位，对市场保持适度干预，尤其注重长期人力资本投资，同时通过税收优惠扶持中小企业创新以及产学研结合，为制造业创新带来源源不断的动力。与此同时，政府同步进行需求侧理性管理，通过官方贬值拉动出口，以低汇率为其经济支柱的中小制造企业树立坚强后盾。因德

---

① 王晓薇：《中国供给侧改革的"他山之石"》，《华夏时报》2016年4月1日。

国政府对经济适当干预,夯实了实体,稳定了物价,成就了欧洲第一经济体。

(三) 日 本 经 验

日本的供给侧改革与美国相比是比较静悄悄的。20世纪50年代在日本开始了一场"供给侧改革",确定其"革命性"就是已经涉及制度领域。当时在西方主要工业化国家实行作用于"需求侧"的凯恩斯主义政策的时候,日本独辟蹊径率先实行了作用于"供给侧"的产业政策。凯恩斯主义政策是一种总量性政策,求均衡、保稳定而不是促增长,而日本的产业政策则是一种结构性政策,以发展为国家最高目标,正是供给侧制度改革的精髓所在,对东亚国家的政策选择产生了深刻影响。日本面对资源约束资本不足、劳动力过剩这样的内生条件,反而另辟蹊径走向了资本型重化学工业道路。而这样就需要施行"供给侧"政策来刺激重化学工业的发展。外生条件则是与美国"纪律导向型"国家所不同的是,日本是"发展导向型"国家,政府相对于社会处于强势地位,这就使得"供给侧"政策得以顺利实施。结果是日本成长为制造业强国。"减量经营"使日本制造业的国际竞争力显著增强,帮助日本逐渐确立了世界制造业强国的地位。日本制造业在节能方面也取得了突出成就,到20世纪80年代初时,日本已成为主要经济体中能源利用效率最高的国家。日本汽车由于低能耗和高性能而受到普遍欢迎,1980年以后日本汽车产量超越美国而居世界第一位,并大量出口到以美国为首的海外市场中。产业结构顺利完成优化升级。从20世纪70年代后半期到80年代,电子、汽车等产业取代了原来的钢铁、石化等产业,成为引领日本经济增长的主导产业。日本产业结构从原来的劳动密集型和资源密集型逐渐转向知识密集型和技术密集型。通过这次改革日本不但成功经受了两次石油危机的考验,而且顺利完成了从高速增长向平稳增长的换挡,1975—1985年,日本经济平均增长率保持在4%左右,日本政府称其为"稳定增长",该时期在主要发达国家中日本的经济增长仍然是最快的。

日本对上海有借鉴意义的经验如下：

(1) 在实施供给侧制度的同时,致力于体制改革和市场增进;

(2) 供给侧改革和需求侧政策同时并举。[①]

日本在完成向工业化经济转变的20世纪70年代,以第一次石油危机的爆发为转折点,持续近20年的高速增长结束。与此同时,日本经济本身也由供给约束型转变为需求约束型。总需求由过剩转变为不足,基本原因在于战后日本以农业部门的过剩人口及其向工业部门的转移为基础的总需求扩大机制已经达到极限,劳动力的供给制约日益突出。从另一个角度看,日本政府与生产者结盟所形成的生产者"内部人控制",造成了整个社会的供给过

---

① 牛如愿、白天娇：《日本供给侧改革》,日本研究论坛2017南开大学日本研究院莽景石教授系列首讲。

剩,这是日本一度陷入长期萧条的症结所在。

进入 1986 年以后,日本政府连续 5 次降低中央银行贴现率,并在 1987 年 2 月以后进一步降低至日本银行建立以来最低的 2.5%,在经济已明显过热的情况下,仍然维持这一超低利率达 2 年 3 个月之久。银行等金融机构则竞相以股票、土地为担保进行大规模放贷,低成本融资则助长了对股票、土地的投机,结果酿成巨大的经济泡沫。传统的重化学工业由于占地面积广、大厂房众多,在泡沫经济中成为最大的得利者,一些本该退出市场的重化学工业部门因此得以苟延下来,而畸高的房地产价格却阻碍了高新技术企业的进入和发展。日本实行供给侧制度,因保护生产者利益而被锁定,导致了泡沫的形成并在泡沫破灭后陷入长期萧条,教训是极其深刻的。① 日本经济行政指导色彩较浓和人口老龄化等问题迟迟未能解决,是造成日本经济至今深陷泥潭的重要原因。拖延改革行动可能会导致今后的问题更加严重。这也说明:要顺利进行供给侧制度改革,有关制度建设也要与时俱进,及时建立成体系的新体制机制。

总之,日本供给侧改革总体而言是失败的。其原因是从 20 世纪 70 年代开始,日本政府执行了一系列错误的政策,导致了经济发展的停滞。具体包括:一是错误的汇率政策,汇率持续升值严重打击出口型制造业,并导致大量热钱涌入;二是任由生产要素成本不断上涨,导致企业负担加重,为实现盈利进一步投资房地产,

---

① 牛如愿、白天娇:《日本供给侧改革》,日本研究论坛 2017 南开大学日本研究院莽景石教授系列首讲。

推高泡沫;三是实行量化宽松政策,导致利率下降,诱发投机行为。其最终结果是房地产泡沫叠加股市泡沫,外资撤离,经济崩溃。可见日本政府通过人为提高生产成本,量化宽松催生泡沫,导致了产业空心化,经济衰退。

(四)阿根廷经验

如今,阿根廷是中国"一带一路"倡议的合作伙伴,其制度性建设已经走上正轨。2018年5月,习近平主席同阿根廷总统互致信函,习近平在信中表示:2017年马克里总统来华出席"一带一路"国际合作高峰论坛并成功进行国事访问,其间我们达成的各项共识得到积极落实,两国各领域交流合作稳步推进。中国高度重视中阿关系发展,愿同其一道继续引领双边关系发展,扎实推进重大项目,推动中阿全面战略伙伴关系迈上更高水平。马克里在信中表示,阿中全面战略伙伴关系日益紧密且成果丰硕。阿方全力支持共建"一带一路"倡议,愿同中方加强全方位合作。阿根廷在担任二十国集团主席国期间,将继承并延续杭州峰会的共识和成果。[①] 但阿根廷自20世纪70年代以来的两次供给侧改革则都归于失败。当时这种供给侧改革罔顾国情,极端改革,矛盾政策,引发经济和金融双重危机。原因是在阿根廷的改革中仅注重能够短

---

① 《习近平主席同阿根廷总统马克里互致信函》,http://Politics.People.com.cn/n1/2018/0511/C1024-29984006.html。

期见效的贸易政策和货币政策,制度本身缺乏长期性,而对需要长期投入的税制改革和人力资本投资等制度建设没有涉及,改革结果也只可能是短期的虚假繁荣,最终走向失败。①

阿根廷改革对上海文化产业供给侧制度改革有借鉴意义的教训如下:

(1) 当时阿根廷政局动荡,导致制度改革缺乏稳定性和延续性;

(2) 缺乏制度改革的全局观和系统性,仅着力于短期见效的贸易政策和货币政策的制度配套,没有配合税制改革和人力资本投资等长期有效的制度保障;

(3) 不要在经济下行期盲目实行金融自由化,当时阿根廷由于短视加剧了热钱的涌入和外流,最终导致经济危机与金融危机的叠加。

---

① 王晓薇:《中国供给侧改革的"他山之石"》,《华夏时报》2016年4月1日。

三、上海要及时提供文化产业知识产权世界传播的制度保障

当下的中美贸易摩擦,涉及文化产业知识产权世界传播,其中有美国政府指鹿为马、不合实际的无理指责,但知识产权问题值得我们思考。

(一) 中美、中日之间曾经发生过的知识产权摩擦

1992年,好莱坞安布林娱乐公司从网上获得中国云南禄丰的侏罗纪恐龙化石及河南西峡恐龙蛋的资料,受到极大启发,摄制出科幻巨片《侏罗纪公园》,国内票房收入达4.4亿美元,在海外更突

破 4.76 亿美元。中国云南禄丰位于滇中高原盆地,在 1.9 亿年前,这里曾是世界上最大动物——恐龙的诞生地之一。20 世纪 30 年代因出土恐龙化石而蜚声中外。据统计,从 1938 年发现第一条恐龙化石迄今,禄丰境内已发掘出尹氏卢沟龙、中国虚骨龙、三叠中国龙、许氏禄丰龙、巨型禄丰龙、黄氏云南龙、巨硕云南龙、新洼金山龙、中国安琪龙、禄丰滇中龙、奥氏肢龙等 110 多具恐龙化石,分为 24 届 34 种。虽然禄丰于 2008 年 4 月在大昆明旅游圈内建成了恐龙国家地质公园,并被国家评为 AAAA 级旅游区、省级科普基地,还顺利通过了 ISO 质量/环境管理体系认证,第一年就接待了国内外游客 100 万人次,实现了旅游收入 6 200 万元,但是,相比好莱坞安布林娱乐公司的科幻巨片《侏罗纪公园》获得的巨额收益差距显著。[①]

我国的文化资源为何被美国免费使用?主要是因为我国知识产权保护意识薄弱,没有看到侏罗纪恐龙化石后面所蕴藏的重要文化价值,从而没能将其转化为文化产业的重要组成部分——影视作品,其影视形象设计当然就没有得到及时、有效的保护。

那么美国是如何对待知识产权的?我们仅以家喻户晓的迪士尼为例:

1923 年,华特·迪士尼与罗伊·迪士尼兄弟俩创办起华特迪士尼公司,动画电影是这个商业帝国立足起步的根基。1930 年,一个名叫乔治·博格费尔特的纽约商人为了给自己孩子圣诞礼物,

---

① Aerosmi《侏罗纪公园》,时光网。

向迪士尼购买了米奇和米妮形象在玩具、书籍和服装上的使用权,据说当时费用仅为 300 美元。接着,华特·迪士尼授权纽约的拜博兰出版公司出版发行米奇的出版物。自此,迪士尼开启了拓展产业链的第一步。1955 年,洛杉矶迪士尼乐园的开幕,标志着迪士尼形成了"电影—电视电台—衍生产品—迪士尼乐园"的完整产业链。

今天的迪士尼公司形成了五大事业部,这五大事业部实质上也对应着不同的产业链环节。迪士尼影视娱乐是迪士尼产业链的动力核心,目前迪士尼媒体网络已经成为迪士尼巨大的收入来源之一。迪士尼主题乐园度假区与迪士尼消费品处于整条产业链的下游方向。迪士尼在全球拥有 6 个度假区(包括上海迪士尼度假区)、11 个主题乐园、两艘巨型邮轮—迪士尼海上巡航线,还有 ESPN Zone 主题餐馆、NHL 冰球队"巨鸭队"。作为全球最大的品牌消费品授权商,迪士尼在全球授权推出包括服装、家居装饰、玩具、食品、文具、出版、电子产品等七大类消费品。迪士尼互动媒体则是迪士尼进入互联网的主要力量。迪士尼一方面是试图增加新的营销渠道,另一方面是要把迪士尼影视娱乐的内容延伸到互联网上,打造网络社区、网络游戏,希望以此形成推动下游产业链环节发展的新力量。立足于完整的产业链,迪士尼以"娱乐循环"的概念,构建出一套独有的赢利模式——"轮次收入模式",也称作"利润乘数模式"。在这一模式运转之下,迪士尼以动画为知识产权源头产品,将影视娱乐、主题公园、消费产品等不同产业环节演变成一条环环相扣的财富生产链。迪士尼从不把创作出来的动画形象看成是一次性的消费品,而是当成一个深度金矿去长久不断地挖掘。迪士尼对衍生产品有着系统的规划性与前瞻性,如在设计电影故事之时,就已经开始规划相应的衍生品了,而不是像中国一些企业,等到动画电影上映之后,才匆忙开始考虑衍生产品。在美国,迪士尼一部电影的排期可能早在前一年就初步确定,然后按照电影上映的日子进行倒推,在电影还未上映之前就做大量宣传,并同步将商品上架销售。通常消费品会在电影正式上映前的6周就开始投放市场,最希望看到的就是当电影上映时,商品已经卖光。目前迪士尼在全球有3 000多家授权商,销售超过10万种与迪士尼卡通形象有关的产品,仅中国内地已拥有了100多家授权经营商。① 品牌授权已成为迪士尼利润的重要来源。品牌授权,实质就是其知识产权的国际传播。

《西游记》是中国四大名著之一,本属于中国的优秀文化历史遗产。目前,国内关于《西游记》的网络游戏就包括《大话西游》《大话西游2》《梦幻西游》《快乐西游》等多款主流游戏。然而尽管小说《西游记》是我们的,但网络游戏使用的名称却要看日本人的脸色,这一切都源于《西游记》游戏商标被日本的巨摩公司抢注在先,这是我们游戏行业的一个悲哀!

日本在第二次世界大战之后用了30年时间从战争废墟上迅速崛起,成为世界第二经济大国。② 然而,众所周知,日本国土狭

---

① 袁学伦:《迪士尼财富生产链:循环的轮次收入模式》,http://finance.sina.com.cn/chanjing/gsnews/20130116/160214305802.shtml。
② 2010年,中国的国民经济总值已经超过日本,日本在世界排名第三。

小,资源匮乏,在发展过程中并不是从"资源大国"变成"经济大国"的。20世纪90年代,日本经济发展速度开始减速,然而,在日本经济停滞增长期间,其文化产业却继续保持了快速增长的态势,蓬勃发展成仅次于美国的世界第二大文化产业大国。日本游戏在世界处于领先地位,除了他们善于把高科技和文化产业紧密结合外,知识产权保护更是原因之一。日本光荣公司于2002年抢注"三国志战记"后,又于2004年相继抢注了"三国志——驰骋沙场""三国志战记""三国志网络""三国志无双"等8个系列商标,还抢注了"孔明传"等商标;巨摩公司于2004年申请"西游记",又于2004年抢注了"西游记""水浒传""三国志麻将""巨摩三国志麻将"等商标。一旦被日本注册成功,结果就是中国人喜爱的动漫游戏《西游记》《水浒传》《三国志》会带着日籍的"护照"冠冕堂皇地对中国动漫企业说:"你是假的!我要告你!"意味着中国动漫企业面临被诉侵权甚至被全面封杀的毁灭性厄运。[①] 目前,中国传统的四大名著除《红楼梦》外,《水浒传》《三国》《西游记》等均被日本企业抢注为商标。但这些并没有引起我们足够的重视。在文化资源的利用上,我们的麻木不仁引起的低能低效,致使中国大量资金流失在外。

从以上中国、美国、日本的有关案例,我们可以看到:要使一国一地的文化资源整合发展为世界性的文化产业,重要方面之一是对所采用的艺术形象实现有效而及时的法律保护。

---

① 这件事后来被广东省中山市欧卡曼制衣贸易有限公司制止了。

（二）上海要独辟蹊径进行知识产权制度建设

中国文化产业的"瓶颈"问题主要是知识产权没有统一的认定标准，影响了其在世界的传播。虽然国务院的《文化产业振兴规划》为促进金融资本与文化产业的有效对接提供了有效的政策支撑，人民银行与中央九部委联合为此出台了《关于金融支持文化产业振兴和发展繁荣的指导意见》，从加大对文化产业信贷支持、金融产品创新和建立文化产业的信贷业务评估机制等方面提出了具体要求，为金融业支持文化产业指明了方向，金融业迎来了支持文化产业加快发展的重大历史机遇期。但目前金融业对文化产业版权认定缺乏统一标准，文化企业本身对此也往往认识不足，造成了金融业对文化产业版权质押心里没底，融资就困难，金融业和文化企业处于两难境地。这种困境在历史上已经多次发生过。

解决中国文化产业的知识产权问题，当务之急是独辟蹊径。美国称文化产业为版权产业，可以说抓住了关键。我们看一看金融危机中和中国贸易发生的一幕：2007年4月10日，美国将中国有关出版物和视听娱乐产品进口权和分销服务的措施诉诸WTO争端解决机制。同年7月，美国又将中国进口电影发行和网络音乐方面的措施也纳入申诉当中。与此同时，欧盟、日本、澳大利亚、韩国宣布保留第三方权利。2009年6月23日，WTO争端解决机构专家组向中美双方提交长达469页的专家组报告。该报告基本支持了美国的申诉,建议中国消除针对进口出版物外资经销商的歧视措施,允许美国与中国成立合资企业,通过互联网销售音乐专辑。① 2009年,世贸组织(WTO)对一场持续两年多的中美出版物市场准入纠纷做出认定,认为中国在出版物、音像制品、电影进口以及外商分销等领域存在限制,这意味着将有更多的美国文化产品进入中国。随着中国经济的快速发展,中美两国的贸易摩擦将长期存在。美国对华出口的优势在于高科技产业,但短期内对中国的戒心不会消除,有关高科技技术和产品出口不会全面放开。美国要扭转长期对华贸易逆差,文化输出是重要途径。在金融危机中,美国宁愿降低文化产品的出口价格,也要占据中国更大的市场,如《变形金刚2》就是采取了这个策略,最终在中国取得了4.3亿元的票房成绩。美国是世界上"自由贸易"叫得最响的国家,却在某些时候奉行单边主义,动辄对别国的进口产品课以重税。在这种情况下,别的国家只能采用"市场寻求型"的策略对美国直接投资。另一方面,贸易壁垒政策限制了进口,造成了市场封闭,限制了国际竞争国内化,在一定程度上促成了美国国内比较高的利润回报率,从而吸引了大量国际投资进入美国。国外企业投资美国电影业,其原因就在于此。

纵观世界文明史,中国是世界上唯一有5000年不间断文明史的国度,和印度、埃及、伊朗等也拥有悠久历史的国度一样,近代这

---

① 李雪、徐楠:《美国拟扩大文化顺差 中国须积极应对市场冲击》,《北京商报》2009年8月24日。

些文明古国的文化影响力相对式微。而美国独立不过200多年,文化软实力却在当下的世界竞争中遥遥领先,说明一国的本土文化资源的储备只是一种潜力,关键在于如何应用与有效开发,其文化产业知识产权的观念、政策、制度、法规与措施起了关键作用。

1978年,中美贸易因知识产权问题陷入僵局,这引起了我国政府对知识产权法律制度建设的高度重视,同时也为知识产权建设奠定了基础。直到20世纪80年代初期,《商标法》和《专利法》的颁布才标志着我国开始主动实施知识产权制度。我国用30年时间建立的知识产权保护制度走完了西方国家300年的路,但文化概念融在民族的深层意识中,不是一代人所能完成的。传统观念认为:在商店里偷东西是违法的,但对版权及专利侵权等行为却不以为然。在我国,盗版书、光碟、数码产品随处可见,盗版电影、音乐都可免费观看和下载。据国际唱片业协会IFPI中国区的一份资料显示,网上传播盗版音像制品给音像行业带来了每年至少50亿美元的损失。

近10年来,中国商品走到了世界几乎每一个角落,其影响力无人能够忽视。一般说来,发达国家是文化产品的生产者,发展中国家主要是消费者;发达国家是文化消费的引领者,发展中国家更多是扮演追随者。因此,在文化建设领域,我们面临着从世界市场走向世界工厂、从中国制造走向中国创造的双重任务。

我们已经看到,我国发展文化产业的真正差距之一是文化知识产权保护意识薄弱、相关法律法规不够健全。除此以外,创新力不足。据此,我们提出:促使文化产业知识产权在世界传播要独辟蹊径。举一例说明：曾为华东师范大学中文系教授的宋耀良，后赴哈佛大学作多年研究，现任加拿大温哥华文化更新研究中心研究员，是中国实地考察岩画最多的学者之一，著有《中国神格人面岩画》《中国岩画考察》《人面岩画之谜》等著作。宋耀良把对中国岩画的研究放在整个世界岩画的坐标系上去考察，以国际化的视野研究人面岩画，并把人面像岩画的分布状况和史前人类迁徙联系在了一起，不仅让人耳目一新，也为岩画研究指明了新的思考方向。[1] 在他多次的专题讲座中，宋耀良将人面像岩画在全世界的分布状况与史前人类迁徙进行大胆联系，通过寻找各地岩画所表现出的共同特征，认为东亚和北美的人面像岩画具有共同的文化宗教背景和基础。该结论也对美洲土著居民是否来自亚洲提供了突破性的线索，以人面像岩画的分布来证明美洲印第安人是从亚洲越过白令海峡到达美洲，并从中推断出贺兰山—阴山—红山—俄罗斯远东黑龙江下游—阿留申群岛—加拿大—美国的具体传播线路。同时，宋耀良通过探索人面像岩画的类型、地形特征以及与中国华夏上古文化间的差异等，印证了在洲际传播背景下，贺兰山人面像岩画在华夏文化构建上的重要意义。我们认为，这种重要的学术创新成就与人面岩画形象早晚有一天会成为影视、动漫的艺术形象与重要题材，那么类似这些艺术形象设计，我国应抢先进行并及时采取法律保护，随后发展衍生产品的产业链，打入国际市场。当然，天然生成于数万年数千年前的人面岩画早已过了知识

---

[1]　陈艳：《评宋耀良〈人面岩画之谜〉》，《文学报》2008年9月16日。

产权的时效期，但今后谁先设计人面岩画的艺术形象，谁就会稳稳地拥有法律保护权。我国并不缺乏设计方面的专业技术人才，关键在于我们要未雨绸缪，及时组织人手操作。为此，金融业要紧跟其上，予以大力支持，定出新的相关扶持制度，为其大开绿灯，这也许是发展我国文化产业的必由之路。我们应该适当学习美国的先进经验，要加强知识产权的保护意识，珍视我国的文化资源，通过金融业支持突破文化产业发展中遇到的"瓶颈"问题，将其整合与发展为世界性文化产业的有效资源，才有光明的前景，才能真正全面实现我们的中国梦，才能开辟出在国外知识产权封杀中突围的新途径。

四、上海的文化产业链制度建设要补上社区一环

相当一部分居民的需求、利益和矛盾都集中在社区。为此,近年来,社区在逐步改变观念,让居民在社区建设、管理和精神文明创建工作中充分发挥积极作用,以推动社区工作整体健康发展。但目前中国的社区建设比较普遍的问题是:居民对当地文化遗产保护与传承的关注与参与不够,没有树立将当地的文化遗产资源及时转化成特色文化产业的理念,整个社区尚处于居民向公民转变的过程中。而当下我国正需要把全民创业、万众创新作为经济新增长的主要动力引擎。因此,中国的文化产业链要迅速补上缺失的社区这一重要一环。要从根本上使社区干部和群众树立将本地的文化遗产及时转化为地方特色文化产业的观念,切实为提升中国的国际文化软实力出一份力。

（一）某些社区街道的非遗保护与传承现状

非物质文化遗产产生于人们与之生活生产方式紧密相关的一定的地域内,因此社区街道居民理应是文化遗产保护与传承的建设者、守护者和参与者。目前,某些社区街道在非遗保护与传承的状况如何?我们以荣膺过全国双拥模范街道称号的上海市静安区静安寺街道为例看一看那里的现状与问题。

上海静安寺街道留存着上海为数不多的较大规模的成片弄堂与优秀历史建筑。其中,名称中直接带有邨(村)、坊、里、弄字眼的里弄数量分别是 38、33、43 和 7 片。对文化的留存和传承是老弄堂居民归属感的重要来源。如在愚谷邨,几乎每户居民家中都有一本名为《走进愚谷邨》的画册,其主创人员都是生于斯或长于斯的居民。在之前收集资料的过程中,很多居民自发地参与进来,有的拿出自家的"传家宝"珍贵老照片,对于自己家园的情感非常深厚。街道选取了 10 条具有较深厚文化底蕴和故事的弄堂,正在打造成老上海风情弄堂。同时,街道向社区居民广泛征集弄堂老故事,并写出一批弄堂文化为主题的词作,邀请市里的音乐家和作曲家协会成员对其中的优秀歌词进行再创作并谱曲,形成原创的"弄堂之歌""弄堂之戏",把弄堂特色唱出来、演出来。街道还推出"邨坊里弄之旅""特色老建筑之旅""社区人文之旅"等一系列项目活动。可以说，静安寺街道在保护弄堂建筑与民俗方面已经注意到调动居民的积极性，但重点仍然是怀旧而不是创新，使其非遗保护与传承因为缺乏创新而不能形成有地方特色的文化产业，失去了有广阔前景的动力机制。

创新这方面上海已有比较成功的例子。如上海市黄浦区打浦桥街道的泰康路210弄，原名志成坊，近年画家黄永玉取《史记》《战国策》记载的艺术家"田子方"之音，将它叫作"田子坊"，寓意这里是艺术人士集聚之地。这条打浦桥地区的一条小街，1998年前还是一个马路集市，自1998年9月区政府实施马路集市入室后，把泰康路的路面进行重新铺设，使原来下雨一地泥、天晴一片尘的马路焕然一新。田子坊现在是由上海特有的石库门建筑群改建后形成的时尚地标性创意产业聚集区，也是不少艺术家的创意工作基地，入驻的艺术品、工艺品商店已有40余家，入驻的工作室、设计室有20余家。[①] 田子坊的海派文化形成和发展主要表现在民俗中，中国、欧洲、拉美的民俗融汇发展，中国传统的礼仪规范、文化积淀通过西化的方式形成了田子坊独特的海派民俗。如今田子坊是游客的天堂，成了老外口口相传的重要旅游景点。而静安寺街道属下还没有这样的文化产业街。从某种意义上讲，静安区的一些非遗资源是闲置起来了。这样的例子在中国比比皆是。

---

① 朱荣林：《解读田子坊》，文汇出版社2009年版，第82—83页。

(二) 文化产业链制度建设中缺失
社区一环的原因分析

我国很多地方在文化产业链中缺失社区这一环,主要是社区工作存在一定的片面性,包括理念、规划、要求等。比如,对社区街道干部的年度考核中没有非遗保护的硬性标准,未置于议事日程上来。

仍以上海为例,来看一看上海的《静安区国民经济和社会发展第十二个五年规划纲要》中关于社区工作的要求:"强化社区(街道)的社会管理和公共服务职能,各街道社区事务受理服务中心、社区卫生服务中心、社区文化活动中心建成达标,在全市率先建成社区生活服务中心和社区综治工作中心。积极引入社会团体、非政府组织、法律援助机构等社会力量,构建具有静安特色的社区大调解格局。全区刑事案件立案数位列全市最低。坚持社区党组织的领导核心作用,进一步推进基层自治和社区共治,有效整合、统筹利用公共服务资源,满足多层次、多样化的公共服务需求,使社区成为管理有序、服务完善、民主自治、文明祥和的社会生活共同体。完善选拔、考核、管理机制,切实加强社区工作者队伍建设。深入开展和谐社区建设示范区、示范街道、示范居委会创建活动,努力争创全国和谐社区建设示范城区。增强社区公共服务能力。"规划实践了强化社区(街道)的社会管理和公共服务职能的思想,并正确地指明了基层自治和社区共治是实现此理想的唯一途径。但在这条路上,却没有提及社区作为主要非遗保护地的功能。如果社区对本地非遗保护这一主要使命没有充分重视,那么在此基础上发展文化产业也无从谈起。虽然有关市、区、社区领导说起上海的文化产业都予以格外的重视,认为这是上海的绿色可持续发展产业,但还没有和社区工作联系起来。其思想原因是并没有树立起视本地文化遗产为文化财富的新理念。

在文化产业链中缺失社区这一环的另外一个原因是:把社区的老年居民仅仅看成是照顾的对象,没有充分发挥他们的作用。事实上,老年居民不光是本地非遗的见证者,而且在退休前、在年轻时,大部分都有自己的工作甚至有一技之长,在保护非遗并在此基础上设计和提出社区文化产业项目中可以发挥他们的主力军作用。

(三) 使社区成为文化遗产的守护者与文化产业创新的建设者

文化部部长雒树刚说,"十三五"文化改革发展主要任务有六个方面:一是以社会主义核心价值观为引领,创作生产更好更多的优秀文艺作品;二是以基本公共文化服务标准化均等化为抓手,加快构建现代公共文化服务体系;三是以文化产业转型升级为突破口,推动文化产业成为国民经济支柱性产业;四是以培育市场主体、激发市场活力、加强市场监管为重点,建立健全现代文化市场体系;五是以有效保护为前提,全面加强文化遗产工作,着力推动中华优秀传统文化创造性转化和创新性发展;六是以提高文化开放水平为着力点,推动中华文化走向世界。要真正实现这六个方面的主要任务,我们要重视社区建设,使社区成为文化遗产资源的守护者与文化产业创新思想的源泉之一。现在中国的非遗保护和特色文化产业就缺少社区这最基础也最重要的一环。上海是我国改革开放政策的先行先施城市,可以在社区工作上大胆试验,最后形成可复制的文化产业模式。

现在除了供给侧改革以外,还有很热的一个词,就是"创新",但人们容易只强调技术创新,最多就是科技创新,把创新的范围看小了,不符合我们要进行的文化产业供给侧改革的实际。我们认为:创新这个术语远远要超出技术创新、科技创新层面,甚至超出经济层面的创新。它是整个社会学的术语,是一个社会层面的事情。要从整个社会层面定位才能创新得深刻与广泛。首先,要定位创新本身就是一次大的社会创新,如我们国家改革开放40年,把2亿多农民变成了工人,这种生产力爆炸性的释放是中国奇迹的一个基础,其中的原因与成功经验不仅仅是技术创新、科技创新、经济层面的创新,而且是社会创新,也只有从社会创新这个视角才能认识得比较清楚。所以笔者认为:文化产业供给侧的改革要成功,必须要努力实现新的社会创新,要从组织管理跳到战略管理,而且这种战略管理需要制度性保障,这是中国文化产业供给侧改革的成功之道。这样才能真正保障中国文化产品彰显其文化内涵的唯一性。

五、上海让百年老店焕发
文化魅力的制度建设

上海有众多的百年老店,其相当一部分产品具有文化韵味。现在上海要建设卓越的全球城市,需要长三角整体努力,要让百年老店焕发出其特有的文化魅力,为之我们要建立促使其发展的系列制度。

(一) 重视百年老店的文化发展史

上海商业在100多年的飞速发展过程中,形成了一批闻名全市甚至蜚声海内外的海派文化老店。如创始于清光绪二十六年(1900)以前的百年老店,1995年尚有73家,除了前面提到过的一些餐饮、医药等老店以外,其中光经营日用工业品的就有18家(见上海百年老店名录表),开设至今年份最长的已有300多年历史。这些老店虽然历经战争沧桑和社会变迁，但发扬自身独特的经营优势，具有顽强的生命力。改革开放以后，它们在社会主义市场经济新的经营机制催发下，呈现旧貌换新颜的风采，是我们进行文化产业供给侧制度改革的组成部分。

表1 上海百年老店名录（经营日用工业品的）

店　　名	开创年份	原　　址	1995年地址
张小泉刀剪总店	1662	杭州大井巷	南京东路488号
曹素功墨苑	1667	南市小东门	金陵东路163号
老周虎臣笔厂	1694	兴圣街	河南中路95号
王大隆刀剪商店	1798	城隍庙曲尺湾	豫园路30号
吴良材眼镜公司	1807	方浜路马姚弄	南京东路297号
上海铜响器商店	1851	南市大东门	人民路7号
李鼎和笔庄	1851		河南中路105号
南洋衫袜商店	1857	山西路	南京东路558号
老介福商厦	1860	南京路抛球场后	南京东路257号
亨达利钟表店	1864	洋泾浜三茅阁桥	南京东路262号
乐源昌铜锡五金店	1873	花园弄	南京东路579号
亨得利钟表店	1874	五马路棋盘街	南京东路699号
王星记扇庄	1875	杭州太平坊	南京东路782号
新光光学仪器商店	1878	百老汇路武昌路	淮海中路538号
永青美发商都	1879	城隍庙大殿前	豫园新路10号
光芒玻璃商店	1879	虹口天潼路	北京东路368号
老三益纸号	1880	南市小东门	新闸路139号
黄浦纱绳五金公司	1888	北京路泥城桥	北京东路463号

其中相当一部分在当下仍然有其商业和文化生命力。如吴良材眼镜公司是杭州江苏商会会员单位,其始创于清代康熙十八年(1719),至今已有近300年的历史,是全国眼镜行业中最老的百年老店,是眼镜行业的开山鼻祖。无论是在全国或是在海外,都享有盛誉。现总店位于上海南京东路456号,以验光准确、研磨工艺考究而享誉海内外。经过百年风雨的历练,连续11年被评为国家眼镜质量抽查合格企业,获得国内贸易部颁发的中华老字号称号。2001年,吴良材品牌被评为上海市著名商标,2003年,吴良材品牌更是被评为上海市驰名商标,2006年被誉为全国最具有影响力的中华老字号商标。吴良材公司凭借精湛的工艺,不断创新与突破的技术书写着新的精彩篇章,展现新的荣耀,更吸引了众多加盟商,使公司的业务遍布全国,形成了紧密相连的规模优势,开拓了新市场。

吴良材于1992年在嘉兴开设的第一家连锁店,是国内眼镜行业最早开设专业连锁的眼镜店,后来在短短4年中又吸引了200多家江苏、浙江、湖南等其他省的眼镜公司加盟,销售额占当地眼镜市场的80%,成为当地眼镜行业之柱。以龙头形式带动业内发展,吴良材眼镜公司以良好的配镜环境、一流的配镜技术、专业的高级验光师为特色,立足上海服务全国,并以其独特的管理模式开创多省连锁的局面,各加盟店在上海吴良材总部的指导下每年的销售额不断增加,同时在当地树立了加盟店品牌形象。各加盟店以先进的仪器、精湛的验配技术、过硬的商品质量、舒适的购物环境、良好的服务态度赢得了广大客户的信赖,成为眼镜行业最大的连锁企业。在发展中不断扩大、开拓崭新市场是吴良材眼镜店永恒的发展宗旨。①

南洋衫袜商店创建于清咸丰七年(1857),原名为广升祥广货店,经营洋广杂货。民国五年(1916)10月,经理张劭棠为顺应反帝爱国潮流,提倡国货,于广东路336号设立"南洋衫袜厂"(实际是一家商店)。先从香港和上海两家工厂购进一些线袜,略加改制,贴上南洋袜厂的"群岛牌"商标销售于市。后发展了丝袜、麻纱袜和各种色袜;再后又发展丝袜、麻纱袜等花色品种,设立改制业务,如在素色袜上绣花,大袜改制小脚袜,专供于老年妇女。民国七年(1918),日本长袖汗衫进入上海市场,张劭棠购进日本汗衫,剪掉长袖,改衿钉钮,改制成中式短袖汗衫,作为南洋袜厂产品出售,风靡全市。民国十三年(1924),在南京路山西路口开设大东袜厂,生产"多福牌"袜子。民国十六年(1927)在南京路558号开设南洋袜厂南号。民国二十七年(1938)在法大马路(今金陵东路)开设了大东袜厂东号和勤兴袜衫厂,生产120只"黑猫牌"麻纱袜。后来,"南洋"把广升祥和先后建立的几家袜厂联号组建为"六合公司",形成衫袜经营独特优势。当时市民中就有"买衫袜,到南洋"之说。抗日战争胜利后,美货玻璃丝袜(尼隆袜)大量来沪倾销,冲击了中国纱、线、丝袜,南洋袜厂受到严重影响。民国三十七年(1948)"八一九"限价,南洋袜厂也受到严重损失。张劭棠携妻女离沪赴港,商店陷入困境。1954年,南洋袜厂改名为南洋袜衫百货股份有限公司,取消了"群岛牌"商标。南洋袜衫公司向国营商业单位进货,

---

① 参见王自强:《记忆上海:南京路百年老店》,上海三联书店2008年版。

花色品种减少,经营特色逐渐消失。1955年年底公私合营后,为扶持其经营特色,国营批发公司在货源分配上对汗衫、棉毛衫、腈纶衫及袜子等在牌号、数量上给予优先供应,有的还给予独家销售,直拨供货。"南洋""三衫一袜"花色品种多,规格齐,在服务上发展了单(一只)袜配双,还供应老太太穿着的尖足袜,仍为专业经营衫袜的特色商店。"文化大革命"后,改名为五洲衫袜商店。改革开放后,恢复"南洋"原名;1982年又恢复使用"群岛牌"商标,加工生产、定牌监制,袜子大、中、小规格齐备,内衣从 ZI 支到 100 支俱全。1990年被列为上海第一批名特商店。1992年组建为南洋百货总公司,在原址扩建成南洋商城,把原来以经营衫袜为主的商店,发展为经营百货、皮革制品、服装、化妆品、金银饰品、家用电器、工艺品以及餐饮、娱乐等业的大商厦。1995年销售额达到1.4亿元。①

上海海派文化老店跟随上海的变化,虽然有的旧貌换新颜,但是有的日渐衰落,原因是这些百年老店的经营理念与产品内容有些已经过于陈旧,没有跟上时代的步伐,需要根本改变现有的经营理念与产品内容,才能迎头赶上,这些都需要体制机制上的保障。

(二) 为复兴百年老店而要建立的公益性组织

审视百年老店的文化发展史,我们看到"百年老店"包含着丰

---

① 南洋衫袜商店,百度百科网站。

富的内涵。百年的理念,意味着要用百年企业的思考方式、行为方式、价值体系来约束自己。在决策中,要舍得眼下的一时之利,规避短期行为,凡事从长计议,从长远出发。所以,针对百年老店建立公益性组织应该是复兴百年老店的好办法。

上海早就意识到,需要建立公益性组织培育上海的高端经济"推手"。如公募性质的非营利性法人——上海发展研究基金会,该基金会于1993年成立,是利用自然人、法人或者其他组织捐赠的财产,以从事公益事业为目的,按照国家有关规定成立的公募基金会、非营利性法人。① 以促进对发展问题的研究、推进决策咨询事业为宗旨;以募集、运作资金,研究、交流、资助、奖励经济、社会、城市发展决策咨询项目为业务范围。我们认为,百年老店是其工作重点之一。十几年来,该基金会大力支持本市决策咨询研究工作,资助了许多研究项目,并资助开展了5届上海市决策咨询研究成果奖评奖工作。今后,在搭建新的以"上海发展"为主题的系列研究交流平台——"上海发展论坛""上海发展沙龙"②和"上海发展讲坛",要将百年老店的第二春作为一个重要议题,为复兴百年老店而要建立的公益性组织制度奠定理论基础。

---

① 上海发展研究基金会成立之初由汪道涵先生任会长,庄晓天先生任名誉理事长,原市人大常委会副主任沙麟先生任理事长。其业务主管单位为上海市人民政府发展研究中心。
② 每月活动一次,沙龙邀请国内外知名专家、学者就当前的热点或敏感问题作演讲,并留出充分的时间,让与会者进行提问和讨论。与会者包括政府官员、学术界人士以及企业(国有、私营)高层管理人员。国资委、金融办、保监局、发改委、外经贸委等单位的领导,上海社科院、复旦大学、上海财经大学、市府研究室等高校及研究机构的研究人员,以及上海实业、上海银行、上国投、湘财证券等企业的总裁经常参加这一活动。沙龙活动得到了与会者较高的评价。

百年老店的文化内涵不仅仅指企业所从事的行业，还包括其企业文化、企业经营思想的发展，因为好的思想是可以延续的。所以上海要为百年老店的复兴建立公益性组织，使百年老店的思考方式、行为方式、价值体系等能可持续发展下去。

六、上海发展郊区特色文化园区的制度建设

上海的文化建设与文化产业要大发展、大繁荣,其中必须要用科学的发展观来指导设计与规划文化园区,防止文化园区布局不合理的"大跃进"。当下的现状是市内的文化园区建设过快、过密,郊区冷清,而上海的非物质文化遗产保护项目有近半在郊区。"民族、民俗、民间"文化的传承和创新往往在农村或郊区更有潜力。

(一)"一镇一品"展示的郊区文化产业的发展潜力

上海郊区有许多潜在资源,近年郊区开展"一镇一品"活动,其中不少是非遗项目,推动了新农村的文化建设。如奉贤区齐贤的

"皮影戏"已有上百年的历史。由于秋生、程祥生、唐宝良等人兴起,以齐贤方言演唱,曲调选用本地山歌、苏滩调及海宁派皮影戏调,经糅合形成独特的"皮影腔"。后来皮影剧目越来越多,唱腔也越来越丰富。过去皮影戏通常在秋收后的农闲季节以及节场庙会演出。院场内、田垄间,以 1×2 米长方形白布绷架[①]为舞台,桅灯、汽油灯打光,从黄昏演至深夜,甚至次日凌晨。村民以菜油、火油、荤素酒菜酬之。演出地点除齐贤各村外,还常受邀去毗邻的青村、肖塘、庄行等地演出,有时还与塘北、七宝一带的皮影戏班联袂演出。2008 年春,"齐贤皮影戏"被列为上海市非物质文化遗产保护项目。金汇镇文广中心制订了《齐贤皮影戏五年保护发展计划》,开展皮影戏史料收集保管和研究,编写了《奉贤皮影戏艺术》一书,举办奉贤皮影戏艺术展览,排练新的剧目,开展展演等。"打莲湘"是金山区廊下镇的传统文化项目,2006 年列入区非遗保护名录[②]后,镇政府提出"人人会打莲湘"的口号。于是,村村组织莲湘队,户户争学打莲湘。镇班子成员、基层干部利用双休日时间学习打莲湘,表演莲湘艺术,带动了全镇民众学打莲湘。他们还在挖掘传统莲湘的基础上,创作编排出了莲湘舞、莲湘表演唱、莲湘小品、莲湘操等系列节目。2008 年 9 月成功发起举办了"第十届上海国际艺术节长三角莲湘邀请赛",成立了长三角莲湘联谊会,使廊下镇的莲湘声名远扬。青浦区白鹤镇传承的沪剧与清音班都是非物质文化产业的保护项目。早在 20 世纪 60 年代,上海沪剧团的老一

---

① 俗称靶子。
② 2009 年列入上海市保护项目。

辈沪剧艺术家就带领学生来到白鹤体验生活,从此在白鹤老百姓生活中播下了沪剧演唱的种子。1998年9月,上海沪剧院在白鹤正式挂牌"沪剧之乡",2003年,白鹤镇成为国家文化部图书馆司首批命名的"中国民间艺术之乡",2008年,国家文化部经复审再次命名白鹤为"中国民间文化艺术之乡",同年,白鹤镇被上海文广影视管理局列入上海市非物质文化(沪剧)传承基地。

以上郊区文化项目也具有成立以非遗为中心的文化产业园区潜力,而随着轨道交通的进一步发展,到郊区的文化产业园区也会越来越便捷。

(二)促进上海郊区发展文化产业的相关制度

上海郊区新型城镇化要实现城乡一体、产业互动、生态宜居,才能使其和谐发展,因此特色小镇建设是实现这个目标——落实农村供给侧改革与实现"田园综合体"的战略安排。长三角地区在这方面已率先发展,但作为长三角地区的领头城市上海却明显滞后,主要原因有:历史文化资源没有被特色小镇建设所用、特色小镇建设还缺乏具体的新兴产业、一些旅游热线的特色小镇管理跟不上等问题。针对这些问题,建议上海郊区要充分利用历史文化资源、要发展小而精的新兴产业、要制定法规及时提供制度保障等。

近年来,劳动力从农村涌向城市,使农村"空心化",又使大城市人口过分集中,带来环境污染、交通拥堵、学校医院资源供不应求等问题。为缓解这些矛盾,2014年3月,国务院《国家新型城镇化规划(2014—2020年)》发布。习近平主席在中共中央政治局第二十二次集体学习时强调:要把工业和农业、城市和乡村作为一个整体统筹谋划,要继续推进新农村建设。

上海文脉悠久,这是建设中最需要结合的历史文化资源,但在当下的实践中,上海文脉没有被一个个城乡结合部的乡镇来完整体现。如春秋、战国时期,上海地区就以"战国四君子"之一春申君的身份"申"为第一个正式地方称谓。春申君姓黄名歇,楚考烈王时他任令尹(相国)时得到"春申君"的封号。公元前241年,他改封吴地——在今上海、苏州一带。① 黄浦江相传为春申君所疏而得名,有黄浦、黄歇浦、申江、春申江等名称。在上海百姓心目中,春申君的主要功绩是治理黄浦江,而治理好黄浦江就是能更好地出海。今天上海还有大马路——春申路,松江区仍然有保留完好的春申祠,但一般上海的现代人却对此知之甚少,春申君没有应有的文化影响。

2015—2016年,上海青浦区古青龙镇遗址考古发现在世界上引起了轰动:该地原是古吴淞江的出海口,出土的古寺地宫舍利说明通过丝绸之路传播而来的印度佛教在唐宋时期已经中国化;出土的陶瓷来自古代各地名窑,与经销海外的陶瓷类型相同,证明

---

① 王雅净:《上海简称"申"来源自春申君黄歇?》,人民网2015年12月28日。

了上海地区是历史上丝绸之路的交流重镇。考古还发现宋代的青龙镇已建有3亭、7塔、13寺院,包括有供奉海神妈祖的圣母祠,充当航海航标的隆平寺塔高达48米以上,有瓦肆勾栏等演艺娱乐场所与酒楼商铺。这些都是上海对丝绸之路贡献的历史证据。

元代初年因经历多年战乱,首都——大都(今北京)需要大量军粮,江浙行省征收的粮食近全国总额的1/2。因河运漕船不能按期到达,且劳役大费用大,上海人朱清、张瑄等人开辟了海上运粮之路。自至元十九年(1282)首次出航成功后,起航地刘家港①成为海运漕粮的重要基地。到1292年,大都已积储了丰盈的粮食。海上漕运的成功,稳定了元朝的经济、政治大局。据《新元史》记载,当时海运功臣除了有朱清、张瑄以外,还有黄真、刘必显、徐兴祖、虞应文、朱明达、杨茂春、范文虎、柏良弼、黄成等一大批崇明籍官员。据其他地方志记载,普通水手中崇明、嘉定、宝山等无名英雄更多。

元代,上海的黄道婆改进的棉纺技术领先了欧洲大约400年。当时江南土布已成为海上丝绸之路国际贸易的大宗商品,如元代典籍《岛夷志略》记载了中国输往海外的棉纺品有土布、大棉布等34种。② 清代,单上海崇明的出口土布可以绕地球3圈半。

---

① 上海的近邻——今江苏省太仓市浏河镇。
② 《岛夷志略》,原作《岛夷志》,元代民间航海家汪大渊所著记述海外诸国见闻的著作。共一卷,100余篇纪略,涉及东西两洋周边200多个国家和地区,是研究古代亚非等地区历史地理的重要著作。内容翔实,记述准确。《四库全书总目》:"诸史外国列传秉笔之人,皆未尝身历其地,即赵汝适《诸蕃志》之类,亦多得于市舶之口传。大渊此书,则皆亲历而手记之,究非空谈无征者比。"其书上承宋代周去非《岭外代答》、赵汝适《诸蕃志》,下接明代马欢《瀛涯胜览》、费信《星槎胜览》等书,对明清两代的历史地理著作产生了巨大影响。后译为多国文字。

以上这些重要的历史文化资源，上海在当下的郊区建设中几乎都没有体现。要改变这种状况，就应该将历史文化资源融入特色小镇建设中。

特色小镇建设要和新兴产业结合起来，这方面上海做得也不够。上海虽然有朱家角、枫泾等全国驰名的特色小镇，但没有像浙江省一些小镇经济助阵经济转型的完整经验。如杭州已有企业家愿意落户到乌镇，因为乌镇现在在世界互联网产业的第一线，其基本生活条件已经和杭州差不多，在产业上形成了自己的特色。其他还有杭州余杭的梦想小镇、湖州埭溪的美妆小镇、海宁皮革时尚小镇、嘉善县大云巧克力甜蜜小镇等，都和新兴产业相结合，这是成功借鉴了国外先进模式的结果。

国外许多特色小镇的建设经验值得上海借鉴，如瑞士达沃斯小镇、美国格林尼治对冲基金小镇、法国普罗旺斯小镇等，虽然其体量都不太大，但产业富有特色、文化独具韵味、生态充满魅力，体现出小镇经济的独特潜力。日本已经发展60余年的乡村旅游与新科技紧密结合的经验，也值得上海借鉴。

特色小镇发展新兴产业要有世界眼光，而发展的项目应要小、要具体。浙江省就是这样做的，如庆元县的丽水香菇小镇，其目标主要是发展香菇，经过了5年努力，2016年已达到行业总产值35亿元，食用菌产业正从粗加工领域向休闲、保健、药用等精深加工领域升级。当下枫泾镇的新型产业定位为"科创小镇"，由此对外公布的政策服务包括：对租赁办公用房建设众创空间的，房租、水电费、网络费等全免；对用自有房或购买房屋建设众创空间的，则对三项费用进行全额补贴等。① 我们认为,这样的"特色"很难实现,因为"科创小镇"的概念范围太大,其优惠政策也难见实效。该地宜发展的新型产业可以具体为中医药,因为自屠呦呦获诺贝尔奖后,整个中医药在世界上蒸蒸日上,而枫泾镇有两位名医——明代御医陈以诚与近代儒医程子美,他们的医道和医德值得传承与弘扬。陈以诚,生于从医世家,自幼跟父亲习医,年轻时医术已很高明,进入太医院为御医,曾跟随郑和七次下西洋,担任船队的医官总督,为完成世界航海史上的伟大创举作出了贡献。程子美,是国画大师程十发的祖父,著名中医,他内室门墙上方悬挂着"壹室太平"匾额,寓意以壹室(即诊所)带给民众太平。由此当地百姓把程家所在的一条街称之为"太平坊"。② 枫泾镇应该结合本土人文精神,关注上海城区中医药的最新科研成果,有效借用相关资源,建设成为国际性的中医药"科创小镇"。

现在新农业大大降低了劳动强度,使老人"劳动养老"成为可能。美国、英国、德国等不少人员退休后都到农村去养老,因为那里自然环境好,费用比城市便宜,我们应该看到这个趋势,将上海郊区建设成养老新模式与世界养老基地。

良好的生态不仅使上海郊区内在的发展动力得以充分释放,对外在高端要素资源也能形成强大的吸附力。硅谷之所以源源不断诞生诸如苹果、谷歌、甲骨文这样的世界级企业,就是因为它形

---

① 前瞻产业研究院:《浙江庆元香菇小镇案例分析》,http://f.qianzhan.com/tesexiaozhen/detail/180103-4c66e349.html。
② 《〈中国名镇志丛书·枫泾镇志〉正式亮相人民大会堂》,http://www.fengjing.gov.cn/html/xwsd/fjxw/595192658600.html。

成了富有吸引力的创业创新生态。浙江在建设特色小镇中聚焦了七大产业和历史经典产业打造产业生态,以"创建制""期权激励制""追惩制"等及时提供了制度保障,集聚创业者、风投资本、孵化器等高端要素,促进了产业链、创新链、人才链等耦合。如梦想小镇启用仅半年,就吸引了400多个互联网创业团队、4 400多名年轻创业者落户,300多亿元风投基金蜂拥而至,形成了完整的互联网创业生态圈。

上海郊区首先要建设科学有效的管理制度。笔者在2017年春节期间曾到朱家角考察,发现一些问题:游人都想在最著名的景观放生桥那里拍照留影,煞风景的是桥栏杆外歪斜地高挂着一幅大型横幅标语"禁旅区域内不得燃放烟花爆竹",破坏了大桥原本造型的古典美。游人希望管理人员取下来,他却说是当地政府布置的不能动。本来传统小镇的商业街道狭小,更应该考虑到游客的方便——过一段路应该有歇脚的地方,但现在朱家角过分商业化,店铺一个连着一个,大同小异的收费足浴房也有不少,却基本没有免费休息的地方,实际上当地传统的足浴房可以大大精简。而店铺出售的旅游纪念品也缺乏特色,只是像上海市区城隍庙的小商品市场。由于缺乏统一管理,有些饭店直接把泔水倒入河中也无人来管,一些墙角旮旯堆积的垃圾没有及时清除。像朱家角这样因管理不善而遮蔽了其原本该有的魅力,在上海特色小镇建设中是比较普遍存在的问题。因此我们认为,要及时制定系统的特色小镇的地方法规,使管理问题的解决有制度性保障。

信息业是年轻人的优长,但一般年轻人认为城市更有利于他们发展,所以郊区要建立能够吸引年轻人的新体制机制,调整公共资源的配置格局,使他们有一个较好的生活环境来安居、创业和发展。

上海也要推广浙江省特色小镇申报、评审、退出等机制,如经浙江省特色小镇规划建设工作联席会议办公室组织考核,省政府审定,2015年度省级特色小镇创建对象评选出了优秀、良好、合格、警告、降格小镇,其中奉化滨海养生小镇成为首批37个特色小镇里唯一被降格的小镇——由创建对象降为培育对象。

总之,要为郊区文化产业的发展及时确立一系列有关规章制度。

七、上海国际合作项目中彰显
本土文化的制度建设

上海在国际文化大都市建设的历史进程中,会有越来越多的国际合作的文化项目,上海要抓住机遇,实现海派文化在资源整合的基础上创新,使上海国际合作项目自然融进本土文化元素,从而使上海有可持久发展的特色文化产业。如上海迪士尼乐园正是目前中美合作的重大建设项目,项目直接投资额约245亿元,间接拉动的投资规模或为千亿级。[①] 上海迪士尼的建立将填补国内旅游产业的空白,有助于刺激本土文化产业和旅游产业加速发展,有助于上海和长三角地区的经济结构转型、有助于为上海及周边地区创造众多的就业机会。笔者就以迪士尼乐园为例,论述上海如何在这样的国际合作项目中融入

---

① 王飞:《上海迪士尼今将正式破土动工 每年或拉动160亿》,《广州日报》2011年4月8日。

本土文化元素。

（一）东京迪士尼中融入了
　　　日本文化元素的考察

谈到上海迪士尼如何实现文化资源整合融入海派文化元素，我们可以先看一看日本的做法。2003—2004年，笔者曾在东京迪士尼乐园工作过，一年的亲历，使我体会到：迪士尼这个美国企业能在日本的国土欣欣向荣的原因之一，就是乐园中主题和很多内容都融入了丰富的日本本土文化元素，展示着各种文化资源的整合力量，也折射出本土文化产业化的成功。

日本东京迪士尼有个"东京宠物小精灵中心"，其实这是一个动漫宠物专卖店，里面有各种各样的动漫形象商品。众所周知，日本是个动漫产业很发达的国家，是世界动漫业集聚发展的中心。而专卖店的动漫宠物不仅源自日本电视剧、电影、游戏的主要角色，也源自画报、书籍的主角，主人公形象大部分都是日本人。这些富有地道日本文化元素的宠物小精灵吸引了世界各地的游客前来购买。一个小小动漫宠物专卖店至少涉及文学创作、出版业、影视业、旅行业、游戏业、网络业、主题公园等多种文化产业。

在日本，出席冠礼（成人式）、婚礼、葬礼、祭礼、剑道、弓道、棋道、茶道、花道、卒业式、宴会、雅乐、文艺演出、庆祝传统节日，日本人都会穿上端庄、典雅、高贵的和服去参加。他们把这如同"国服"的民族服饰也用到了东京迪士尼乐园中。乐园中有穿着和服的可爱的"双胞胎"似乎不经意地在玩耍；迪士尼的两个主角——米老鼠与唐老鸭有时也会穿着地道的和服参加歌舞表演或花车表演等。这些民族服饰、传统歌舞、民俗风情的融合受到了游客们的欢迎，游客都情不自禁地和"双胞胎""米老鼠""唐老鸭"嬉戏或者拍照留影。

东京迪士尼的许多建筑之间装有套顶、长廊，以适应日本潮湿多雨的气候。东京迪士尼的占地面积是美国迪士尼的两倍，主题乐园中开设了大面积的野餐区，这是日本人赏樱花养成的习俗，被迪士尼巧妙地引入园中。这也体现了建筑、餐饮、习俗等文化资源的整合与融入。

日本东京迪士尼通过许多细节不仅将外来文化和本土文化巧妙地融合在一起，还展现了日本独有的生活习惯、建筑、服饰、民俗、歌舞等各种不同领域的本土文化资源，得到了大众的认可，并成功地向世界展示了日本本土文化的魅力。

日本为什么要这么做？因为自1983年东京迪士尼开放以来接待的游客97%是本国人，文化共鸣是企业成功不可或缺的要素。这种悄然无声的文化举措使迪士尼乐园在日本取得了空前的成功，实现了良好的经济效益和社会效益。至2012年，东京迪士尼乐园和海洋公园合计入园人数达到了2 750万人次，大地震、海啸都没有使游园人数减少。

（二）对上海迪士尼融入本土文化元素的思考

前些日子阅读《上海迪士尼体现中国味、上海味》①一文，得知上海迪士尼为融入中国元素的当下具体举措是："在上海迪士尼，不管是娱乐项目、观光景点还是商店、餐厅，不会先由美方团队取个名字，再通过'英译中'直接翻成中文，会因地制宜，取个让中国游客看得懂也感觉舒服的名字"；还有"在中国上海，迪士尼员工的胸牌上第一次标注了中文名，中文名在上，英文名在下"。笔者认为，注重标牌等此类细节虽然非常必要，但还只是一种形式，更重要的是如何将中国文化自然地融入其中。

2013年3月第十二届全国人民代表大会中，习近平总书记参加上海代表团审议时，曾经关心地问起上海迪士尼乐园项目的中国元素。浦东新区区委书记徐麟代表透露，中方一直坚持，也与美方有共识，上海迪士尼项目既要体现迪士尼经典人物、故事，展示最时尚、最科技的特色，也会充分体现中国元素，包括中国传统节日、中国建筑风格等。"目前创意设计团队正对此进行深入的调查研究"。②但从目前有关报道来分析，还没有形成一支善于整合各

---

① 刘珍华：《上海迪士尼体现中国味、上海味》，《新民晚报》2013年4月1日。
② 邵宁、姚丽萍、马亚宁：《上海迪士尼后年开放充分体现"中国元素"》，《新民晚报》2013年3月11日。

种文化资源的设计团队。

上海迪士尼的设计团队中需要有各方面的专家,要对上海本土文化有深入理解并对文化产业资源有整合的能力,从而形成新的创意,才能打造出一个具有上海本土文化特色的迪士尼乐园。为落实中央改革精神,我们认为以下几个方面可以考虑通过地方法规的确立,来给中国文化产业供给侧的改革有一个制度性的保障。可能可以融入上海迪士尼的项目如下:

海派建筑的典型是100年前上海先民建造的石库门建筑,它脱胎于中国传统的四合院,采用具有浓厚江南传统民居空间,按照西方连排居住的方式进行总体布局,带有浓厚的中西合璧的色彩。

19世纪后期,在上海开始出现用传统木结构加砖墙承重建造起来的住宅。由于这类民居的外门选用石料作门框,故称"石库门"。这种中西建筑艺术相融合的文化产物,在中国近代建筑史上留下了深深的烙印。

石库门住宅奠定了近代上海特有的节令文化、服饰文化、饮食文化、生活习俗等,成为区别于其他地区的独特的城市风景。石库门还孕育了近现代上海乃至中国的政治、经济、文学、艺术及生活方式,形成了特有的石库门文化,也是典型的海派文化。"石库门里弄建筑营造技艺"和"石库门里弄居住习俗"已经列入上海市非遗保护名录。

如果在上海迪士尼中恰到好处地点缀一些石库门建筑,在石库门房屋中开设酒吧、书屋、画廊、茶室、点心店等,再让几个操"上海闲话"的"上海小囡"在弄堂玩游戏,一定会让本地游客感到亲切,也会让外地(包括国外)游客感到新奇,甚至能参与"上海小囡"的石库门弄堂游戏。

上海迪士尼乐园将是全球第6个、中国第2个迪士尼乐园。据悉,上海迪士尼乐园将不但拥有与全球迪士尼旅游目的地度假区一致的设施,还将具有中国本土的神奇特色。如此,将免不了有各种表演。"ERA——时空之旅"杂技表演已经非常成熟,如果将类似于"ERA——时空之旅"这种以海派杂技为主,整合其他文化元素的表演在上海迪士尼中演出,相信也一定会受中外游人的青睐;在上海迪士尼中可以时常播放《梁祝》的主旋律,上演《梁祝》的芭蕾舞剧或音乐剧;穿着海派旗袍的社区居民或穿着庄行土布旗袍的农村姑娘可以在上海迪士尼中"走秀";海派木偶戏、海派琵琶、海派秧歌、奉贤滚灯、马桥手狮舞等都能在上海迪士尼中得以展示。

可见海派建筑、海派杂技、海派工艺品、海派音乐,海派旗袍、海派戏剧、海派绘画、海派美食等上海海派文化元素都能融入上海迪士尼,但必须有一支精湛的研究、创意团队来设计、整合才能实现,这就需要提供文化产业的制度保障。

(三) 国际合作项目中彰显本土文化的制度建设

1. 进一步健全让非公有制经济市场准入的地方法规

上海要进一步放宽非公有制经济市场准入,废除制约非公有制经济发展的现有的不合理规定,鼓励民营企业参与国有企业改革,鼓励发展非公有资本控股的混合所有制企业,全面放开文化市场。

2. 进一步完善产权保护制度的地方法规

借鉴西方文化产业发达国家一直把自己在海外知识产权的保护视为重中之重的经验,通过政治经济手段与别国政府进行谈判协商,以寻求共同治理和国际立法,同时派出海外机构加强监测和打击力度。重点应该在文化产业所运用的文化资源知识产权的国际传播这个视角,来制定相关的地方法规。

3. 建立统一的外国人才管理体制的地方法规

调动外国人才参与中国有关的文化产业,发挥多国多元文化的潜力。

4. 进一步健全市场公平竞争保障机制的地方法规

开展文化市场准入负面清单制度试点,研究制定公平竞争审查制度,完善产业政策与竞争政策的协调机制,使国有和民营企业在同一竞赛场上。

5. 进一步健全金融机构促进文化产业发展的地方法规

深化现有的国有商业银行制度性的金融机构改革,进一步扩大民间资本进入银行业,发展民营银行;发展普惠金融和绿色金融,规范发展互联网金融;创新文化小微企业信贷风险分担模式。建立政府、银行和担保机构、保险机构合作机制,设立国家融资担保基金,促进文化产业的知识产权的世界传播。

6. 进一步促进外商投资体制改革的地方法规

推进外商文化投资负面清单管理模式改革,扩大开放文化产业的服务领域,简化外商投资企业设立程序,加大自贸试验区的文化产业比重。

7. 建立现代文化市场体系的地方法规

在资本、产权、版权、人才、技术、信息等文化生产要素市场发展中,打破条块分割、地区封锁、城乡分离的传统文化市场格局,打破按部门、按行政区划、按行政级次分配文化资源的传统体制,建立健全统一开放、竞争有序的现代文化市场体系。

八、进一步完善上海自由贸易试验区发展文化产业的制度建设

2015年4月,国务院发布了《进一步深化中国(上海)自由贸易试验区改革开放方案》,现在已过去了3年,要从落实这个文件的现状中探究进一步完善上海自由贸易试验区发展文化产业的制度建设。当下上海正在争取国家批准由自由贸易试验区变成自由贸易港,我们要促进这个目标的实现。随着上海自贸区扩容及国家版权贸易基地的挂牌,越来越多更适合上海自贸区发展的文化类企业在国家对外文化贸易基地(上海)集结,引入的文化企业从传统行业进一步扩展到软件技术、印刷业供应链服务、主题游戏等多个文化专业领域,文化产业能级不断提升。进一步优化口岸的文化产品监管执法流程和通关流程,实现贸易许可、支付结算、资质登记等平台功能,将涉及贸易监管的部门逐步纳入"单一窗口"管

理平台。探索长三角区域文化产品国际贸易"单一窗口"建设,推动长江经济带通关一体化。深化文化贸易平台功能,依法合规开展文化版权交易、艺术品交易、印刷品对外加工等贸易,大力促进中国独资、合资的文化产业知识产权的世界传播。

(一) 上海自由贸易区制度建设的视野应该更加国际化

确立更加国际化的视野是上海自由贸易区制度建设发展的关键之一。这里我们提出一个已经实践的典型来说明问题。

上海自贸区伊朗国家馆于2017年11月建成启用,各类极富伊朗特色的产品将一一展现。展馆占地5 400平方米,分上、下两层。其中一层2 700平方米用于产品展示与体验,楼上2 700平方米用于伊朗企业办公。伊朗国家馆受伊朗贸易促进委员会指导,由上海中伊国际贸易有限公司投资建设并运营的国家级高端经贸、文化交流与服务平台。伊朗是"一带一路"倡议的重要节点,伊朗国家馆副馆长张玉新表示,希望通过国家馆这个平台,在中国国内整合资源,推动更多中国企业参与到伊朗的经济建设当中,这既加强了两国经济、社会、文化交流,又有力地促进了伊朗包括交通、基础设施、金融、服务业等行业的发展。伊朗国家馆身负多重"身份":它是伊朗特色产品在华唯一官方展销平台;它也是在华促进外贸、吸收投资、开展社会文化交流的核心窗口;同时,它也将成为中国企业投资伊朗的一站式服务平台。伊朗国家馆涵盖了六大板块,包括文化、食品、石材、能源矿产、手工艺品及地毯展区。如在文化展示区,将通过印刷品、展板和多媒体等多种形式相结合,集中展示伊朗各个时期的历史、宗教、建筑、文学、艺术、音乐、舞蹈、服饰、园艺、烹饪、体育等多方面的知识。伊朗作为能源大国,能源矿产展区则展现伊朗丰富的石油、天然气、大理石、各类矿产以及各种石化产品等,供客户体验和对比。提到伊朗,必提伊朗地毯,这一传统手工艺在伊朗这片土地生长至今,已经成为伊朗的"国家名片"。地毯展区除了以实物展现地毯和挂毯成品之外,还将以实物呈现编织地毯和挂毯所用的原材料和所用的工具及器械,更直观地感受到波斯地(挂)毯的文化、制造工艺。[①]

上海和伊朗有关企业和机构的紧密合作使这个项目在上海自由贸易区成功,也为该地区将来的发展指明了方向。

(二)上海自由贸易区制度建设要加速实现其文化产业全景图

上海自贸区文化产业得益于近 4 年来持续改革创新带来的制度优势,区域内文化类企业注册数量呈现井喷式增长,企业类型更从传统行业跨越至软件技术、印刷业供应链服务、主题游戏等不同

---

① 杨珍莹:《上海自贸区伊朗国家馆即将启用》,《浦东时报》2017 年 9 月 12 日。

专业领域,文化产业能级不断提升,已经成为自贸区经济发展的一个新增长点,展示了在其区域发展的文化产业全景图。作为上海自贸区文化板块的开发与运营主体,上海自贸区国际文化投资发展有限公司此次尝试总结区域内的文化产业发展态势,并发布《上海自贸区文化艺术蓝皮书》。[①] 根据蓝皮书提供的调查数据,自2013年上海自贸区成立以来,保税区域企业注册总数量、文化类企业注册数量及企业注册资本均快速攀升。2013年,保税区域企业注册数量4 416家。其中,文化类企业57家,文化类企业注册资本6.4亿元。经历扩区之后,截至2018年6月,保税区域企业注册总数达3.8万家,其中文化类企业新增208家;而陆家嘴金融片区(含世博区域)、张江片区、金桥片区等区域,企业总数及文化企业数量也保持稳步提升。井喷式增长的企业数量,不仅为自贸区文化产业进一步发展提供了基础。同时,多种类型的注册企业更有利于文化艺术产业跨界融合发展。事实上,从保税区域开始,随着上海自贸区扩容及国家版权贸易基地的挂牌,越来越多更适合上海自贸区发展的文化类企业在国家对外文化贸易基地(上海)集结,引入的文化企业从传统行业进一步扩展到软件技术、印刷业供应链服务、主题游戏等多个文化专业领域,文化产业能级不断提升。国家对外文化贸易基地副董事长、上海自贸区国际文化投资有限公司总经理胡环中表示,以交易中心为核心,以文化项目为支撑,以服务质量为

[①] 由上海自贸区国际文化投资发展有限公司、国家对外文化贸易基地(上海)共同主办的"艺术品行业发展年会暨'上海对话'论坛"在浦东举行。论坛期间,上海自贸区首次发布《文化艺术蓝皮书》,全面展示了自贸改革近4年来文化服务业开放所取得的成就。

保障,上海自贸区正在积极构建文化产业大平台,通过有效整合产业资源,将艺术品展示与艺术品销售融为一体,打造新颖的艺术品交易平台,积极拓展艺术品交易市场。在文化创意产品交易方面,借助国家博物馆这一中国文化"会客厅"的丰富馆藏,充分发挥上海自贸区的制度创新优势,国家级 IP(知识产权)资源———"文创中国"中国大区运营中心已经成功引入。博物馆的 IP 资源将通过"文创中国"平台,解决设计、生产、销售、推广等问题,使 IP 资源得到与社会资源充分对接的机会,获得最大化的开发利用。未来,上海自贸区的文创产业还将跨界融合各类优秀品牌,创造更多精品,使产品满足不同市场的需求,提高产品的核心竞争力,包括联合国内各大文博单位,深度盘活传统文化资源,建立优势互补、互利共赢的合作机制,共同对接优质强大的产业资源,开发出优秀的文创产品,说好中国故事,弘扬中国优秀文化,促进文化创意产业创新发展。"我们将积极打造自贸区文化艺术生态圈和产业链,推进文化艺术产业与科技、金融深入融合。"胡环中说,无论是文化艺术交易大平台、贸易大通道,还是艺术大金融都将在自贸区内扎根拓展,催生出文化艺术产业的新业态,开创文化发展新模式。①

(三) 上海自由贸易区制度建设要点

自贸试验区的实施范围为 120.72 平方千米,涵盖上海外高桥

---

① 唐玮婕:《上海自贸区首发文化产业全景图》,《文汇报》2017 年 8 月 19 日。

保税区、上海外高桥保税物流园区、洋山保税港区、上海浦东机场综合保税区4个海关特殊监管区域(28.78平方千米),以及陆家嘴金融片区(34.26平方千米)、金桥开发片区(20.48平方千米)、张江高科技片区(37.2平方千米)。上海自贸区经过近4年的努力,文化贸易已经增长50%。离岸金融①是发展方向,建议主要制定以下制度:

1. 完善负面清单管理模式的制度

要使负面清单制度成为市场准入管理的主要方式,要根本改变以行政审批为主的行政管理方式,制定发布政府权力清单和责任清单,进一步厘清政府和市场的关系,加快形成行政监管、行业自律、社会监督、公众参与的综合监管体系的有关制度。

2. 建立采信第三方信用产品和服务制度

完善公共信用信息目录和公共信用信息应用清单,在市场监管、城市管理、社会治理、公共服务、产业促进等方面,扩大信用信息和信用产品应用,强化政府信用信息公开,探索建立采信第三方信用产品和服务的制度安排,支持信用产品开发,促进征信市场

---

① 离岸金融(Offshore Finance)是指设在某国境内但与该国金融制度无甚联系,且不受该国金融法规管制的金融机构所进行的资金融通活动。例如,一家信托投资公司将总部设在巴哈马群岛,其业务活动却是从欧洲居民或其他非美国居民那里吸收美元资金,再将这些资金投放于欧洲居民或非美国居民中,该公司便在从事离岸金融活动。从严格意义上讲,离岸金融也就是不受当局国内银行法管制的资金融通,无论这些活动发生在境内还是在境外。如美国的国际银行业设施(IBF)和东京离岸金融市场的业务活动等,均属离岸金融。

发展。

3. 信息共享制度

加快以文化产业大数据中心和信息交换枢纽为主要功能的信息共享和服务平台建设,扩大部门间信息交换和应用领域,逐步统一信息标准,加强信息安全保障,推进部门协同管理,为加强事中事后监管提供支撑。

4. 综合执法制度

明确执法主体以及相对统一的执法程序和平台,完善网上执法办案系统。健全城市管理、市场监督等综合执法体系,建立有关制度以保障信息共享、资源整合、执法联动、措施协同的监管工作新机制。

5. 社会力量参与市场监督的制度

通过扶持引导、购买服务、制定标准等制度安排,支持行业协会和专业服务机构参与市场监督。探索引入第三方专业机构参与企业信息审查等事项,建立社会组织与企业、行业之间的服务对接机制。充分发挥自贸试验区社会参与委员会作用,推动文化行业组织诚信自律。扩大涉外民办非企业单位登记范围,支持国际性、全国性、区域性的文化行业协会入驻,探索引入竞争机制,在规模较大、交叉的行业以及新兴业态中试行"一业多会、适度竞争"。

6. 确立艺术品国际交流制度

艺术品交易是文化贸易的一个热点。欧洲艺术基金会在论坛上发布的艺术品市场报告显示：2016年全球艺术品市场销售额达450亿美元。其中美国占总销售额的29.5%，英国以24%次之，中国18%居第三。① 现在我们要依托自贸区中已建设好的上海国际艺术品保税服务中心，及时确立艺术品国际交流制度，使这个全球面积最大、设施先进、服务专业的艺术品综合服务体充分发挥出国际交流功能。

7. 确立人才自由流动制度

对于该区域内的国内人员，要落实好上海一系列的人才制度。对于区内企业聘用的外籍人才，将以发放中国绿卡为目标，在港内企业工作的外地人才上海落户有更进一步的优惠措施与制度。

---

① 参见欧洲艺术基金会：《2017艺术品市场报告》，上海文化出版社2017年版。

九、上海从消费升级看供给侧制度改革的重点

党的十九大报告指出：中国特色社会主义进入新时代，我国社会主要矛盾已经转化为人民日益增长的美好生活需要和不平衡不充分的发展之间的矛盾。从消费视角来看，就是指现有供给不能满足城乡居民消费结构升级需要。上海如何进一步深化文化产业的供给侧制度改革，达到能够补齐短板、增加文化市场的有效供给，以满足城乡居民日益增长的消费需求，如此推动居民消费结构升级，是当下面临的任务之一。

（一）上海文化消费的现状与存在问题分析

1. 上海文化贸易顺差后文化消费的新形势

近年来，上海大力加快文化"走出去"的步伐，数据显示：2009

年,上海文化产品出口18.19亿美元,实现贸易顺差8.02亿美元。2010年,实现文化贸易顺差44.05亿美元。其中,文化服务业实现贸易顺差7.76亿美元。2011年,上海文化产品和服务贸易进出口总额达到166.2亿美元,同比增长10.9%,实现顺差约达34.5亿美元。广告和会展服务、文化休闲娱乐服务、出版物和版权服务进出口成为贸易顺差的主要来源。美国、日本、中国香港和中国台湾成为上海四大文化贸易伙伴。上海在新闻出版、广播影视、文化艺术、数字娱乐等领域已集聚了一批具有较强"走出去"能力的文化创意企业。在中国文化贸易还处于逆差情况下,上海能进口1元,出口2元,赚得1元,说明上海的文化产品和服务开始受到国际消费者的欢迎。

上海文化贸易顺差的成因是借助了文化体制改革的春风,优化了政策环境,形成文化与科技,文化与创意,文化与金融、贸易、先进制造业等方面的融合,文化产业全面提速,这些综合因素使文化消费规模有所扩大。

张江动漫谷是文化与科技的融合典范,该地网游企业已占据全国半壁江山,2010年的年产值突破120亿元,增加了人们网上的文化消费。

在文化与金融的融合方面,上海创办了全国首家从事中小文化企业担保服务的东方惠金文化产业担保有限公司、全国第一家私募基金"华人文化产业投资基金",以及为投融资创设多元化渠道与平台的文化产权交易所等,引导资本投向新兴文化产业领域,为全面扩大文化产业的规模提供了应有的资金,为扩大文化消费创造了根本前提。

上海率先在全国开创了文化产业园区建设与历史建筑保护相结合的发展模式。已经认定的文化产业园区有15家、创意产业集聚区达80家,总建筑面积突破270万平方米,入驻企业超过8 200家,从业人员约达15.5万人,已初步形成"一轴(延安高架主轴)、两河(黄浦江、苏州河)"的布局,形成了新的文化产业中心地,扩大了上海的文化消费领域。

我们应该看到:上海文化贸易的顺差是在世界金融危机形势下取得的,美国、日本等的文化产业受到严重冲击,给我们一个后来居上的历史机会,我们要把握好这个历史机会。我们也应清醒地认识到:目前上海的文化贸易发展还处于初级阶段,主要仅有三种出口模式:一是利用人力资源优势,如杂技、演艺等人才输出,动漫等服务外包;二是加工贸易产品出口,体现在满足国外创意的来料加工;三是品牌运营,版权贸易。当下上海文化生产机制尚存在很多不足,如缺乏面向国际市场的综合竞争实力和成熟的文化产业资本运作模式;缺少自有的文化创意品牌;缺少既了解国际市场的运营规律,又深谙文化创意与制作之道的多元国际文化贸易人才,这些都是文化产业发展亟待解决的问题。

不但如此,上海的文化产业还面临着新的形势。随着上海日趋国际化,外来人口的比重越来越大。全国第六次人口普查数据显示,2010年居住在上海的境外人员共有20.83万人。其中,外籍人员为14.32万人,占68.7%;港澳台居民为6.51万人,占31.3%。

境外人员总量仅次于广东省,居全国第二位,占全国的20.4%。居住在上海的外籍人员数居全国第一位,港澳台居民人数居全国第二位。同时,很多外国文化企业、机构常驻上海。所以在"十三五"期间,上海要加快建设一个更具活力、更加开放和充满魅力的国际文化大都市。这一战略定位将极大提升上海文化产业规模,形成文化的消费新模式。

国际化给上海带来了如下新形势:

(1) 上海正在成为国际性的文化产业和资源配置中心

上海正在利用建设国际经济、金融、航运和贸易中心的机遇与优势,加快文化产业要素集聚,推动文化产业交融创新与做大做强,努力加强上海文化市场资源配置能力建设,将上海打造成为在全国、在亚太地区有重要影响力的文化产业中心和资源配置中心。

(2) 上海正在成为国际性的文化交流中心

上海正在建设文化交流国际平台上实现突破,借助国际化大都市的地位与资源优势,通过体制机制建设,为全球各种文化形式和资源提供展示、融合与创新的平台,将上海建成具有世界影响力的国际文化交流中心。

(3) 上海正在产生有国际影响的艺术精品

上海正在实现文化艺术创作与创意中心上的全面突破,发挥文化艺术创作的"源头性"作用,集聚文化人才,鼓励各种文化艺术创作活动,促进文艺原创作品数量、品质不断提升。在影视剧、戏剧、音乐、舞蹈、美术等文艺创作重点板块打造出一批具有国家水准和国际影响的艺术精品。① 在上海国际电影节、上海电视节、中国上海国际艺术节、上海之春国际音乐节、上海双年展、"上海艺术博览会"、上海青年美术大展、"中国国际动漫游戏博览会"上,上海的艺术精品将唱主角。

国际化带来的文化产业新形势将带动更广泛的文化消费,也将带来新的市场需求。我们应该看到这样的新形势,抓住机遇,迈开步子,大力发展上海的文化产业,提升上海整体文化消费水平。

2. 上海文化消费不及整体经济发展水平的原因分析

当代社会,文化与经济、科技日益交融互渗,文化消费既属于经济活动又是文化行为,包括对符号性商品和信息的消费,如影视、音乐、动漫、网络、图书、报刊、字画、广告等,以及接受劳务形态的文化服务。② 从文化消费的经济与文化的双重品格来看,加快文化产业发展是提高国民文化消费水平必不可少的前提;文化消费水平的高低,也影响了文化产业发展的进度。从经济视角看,文化消费优化了产业结构,增加了就业机会,能带动交通、餐饮、基础设施等产业发展,进而推动经济增长。

当前我国国民文化消费增速却远落后于经济增速,并未迎来"国际惯例"中的井喷。数据表明,虽然上海和北京两地 2009 年的人均文化消费都已经突破 1 600 元大关,但全国其他省份,文化消

---

① 朱咏雷:《上海推动文化大发展大繁荣》,《文汇报》2011 年 9 月 16 日。
② 陈伟军:《扩大文化消费与振兴文化产业——基于新闻出版业的视角》,《中国出版》2012 年第 1 期。

费数字则全部徘徊在 1 000 元以下。① 因此,增加文化消费总量,提高文化消费水平,是文化产业发展的内生动力,是当下刻不容缓的经济发展转轨的重要举措。在世界金融危机影响下,我国经济增速放缓。美国、日本、韩国的经验证明,经济发展缓慢期正是文化产业发展的机遇期。

现代社会开启了一个文化生产时代的同时,也树立了文化消费的核心地位。如今我国城乡居民普遍有了较为充裕的文化休闲时间,更多的文化休闲形式进入民众的日常生活,文化消费为人们提供了必要的人文环境。我们要抓住文化产品使人感动这个特征——本质上是一种精神的共鸣和文化的传播的实质。所以我们要加快发展文化产业促进文化消费,文化消费的提升反过来又能带动文化产业的发展。

国家统计局公布的数据显示：2012 年,上海人均可支配收入已经达到中国最高的水平,达 20 689 元;浙江居第二位,达 18 802 元;北京居第三位,达 18 154 元。② 但是三地的文化消费规模和速度都远远滞后于其经济发展。下面分析上海的原因：

(1) 上海居民的大部分收入被生活负担所占据,文化消费被挤压。"买不起房""看不起病""上不起学",这些都是事实。尤其是上海的房价远远高于美国、德国等发达国家的大城市,而房产是生活的必需品,这就造成了上海当房奴的比例是全国最高的。上

---

① 陈伟军:《扩大文化消费与振兴文化产业——基于新闻出版业的视角》,《中国出版》2012 年第 1 期。
② www.chinanews.com。

海的出行费也是全国最高的,公共汽车、地铁等价格都比北京贵得多,为此上海人的生活负担在我国也是最重的。在社会保障体系建设滞后的背景下,人们不得不更加注重积蓄以求"自我保障",于是"非必需"的文化消费成了一种奢侈,严重影响了上海居民的文化消费。

(2)上海文化消费的层次不平衡。文化消费与人们的价值观、审美观及兴趣爱好紧密相连,由于消费者内在素质的差异,导致文化需求的多层次、多方位,使得文化消费层次也有了差异。当下上海的文化消费内部结构失衡,享受型的文化消费超前发展,而基本型的文化消费和发展型的文化消费滞后。

(3)上海文化消费设施建设有所失衡。当下上海的娱乐消遣设施日趋高档化和时尚化。高档设施大量闲置,造成了文化资源的浪费,而适合大众的文化消费场所却难以满足需要。如一些社区出现了投资亿元的群众艺术活动中心,其维持费就使当地政府叫苦不迭。

(4)上海文化消费格局加大了农村与城市的差距。当下上海城乡居民文化消费差距进一步拉大,城区经济发达,收入、消费、购买力整体水平相对较高,市场容量、消费规模相对较大;而农村地区相对低,电视节目往往成为那里民众仅有的文化消费渠道。

(5)上海市民收入差距过大制约了文化消费。目前,尽管我国 GDP 快速增长,但是整体文化消费增长缓慢,原因之一在于国民收入分配结构中国家占有的比例较高,而居民收入所占的比例较低;在再分配过程中对居民之间的收入状况调整的力度不大,造成市民之间的收入差距过大,严重制约了低收入居民的文化消费需求,抑制了文化市场需求的有效增长。大部分居民的收入大多用在教育、医疗和住房等开支上,用于文化消费方面的支出有限。

(6)上海文化消费的社会环境制约因素。目前,我国的文化市场正处于发展时期,市场运行机制不完善,文化消费政策不到位,缺乏整体规划;文化基础设施建设滞后;相关配套服务严重阻碍文化消费的发展。[①] 在上海也有这些通病。

(二) 提升上海文化消费水平的制度建设

传统的文化消费方式已经受到严重挑战。上海要在新技术、新观念的推动下,发展便捷式、家庭式的文化消费,快速拓展新兴市场,我们提出以下对策:

1. 上海文化市场需进一步细化,以提供便捷的文化消费渠道

在需求和供应的相互作用下,人们的消费需求呈现越来越明显的多元化趋势。市场细化意味着发展的空间不断拓展。由于上海的生活节奏加快、工作压力增大,需要花费较多时间和精力的消费方式往往会被放弃,如果能够提供便捷快速的消费方式,就会有

---

① 房宏婷:《论我国文化消费中存在的问题及其根源》,《北京印刷学院学报》2011年第10期。

很好的市场。

2. 上海文化产业要及时采用新技术、发展新兴市场

以网络文学为例,盛大文学开启的网络付费阅读模式,打开了一个全新的消费领域,而它的成功则是建立在计算机技术和电子商务广泛应用的基础上。数字交互等新技术的发展也为居家式文化消费提供了前所未有的选择。点播节目、交水电费、进行远程学习、玩休闲小游戏……越来越多的新功能被开发出来,电脑已经成为众多新型文化消费的一个集成平台。

3. 增强农村的文化消费

制约上海郊区居民文化消费的原因,很重要的一点是文化产品和服务存在供需不平衡的结构性矛盾,城乡差别较大,广大农村地区文化生活贫乏的现象还存在,难以满足郊区百姓多样化的文化消费需要。要把文化产品与一般工业品区分开来,把握文化产业生产、传播、流通的规律,才能真正满足郊区人们的文化消费需求。要加强县级文化馆和图书馆、乡镇综合文化站、村文化室的建设,实施广播电视村村通工程,深入开展文化科技卫生"三下乡"活动。要鼓励和扶持文化企业以连锁方式加强基层和农村文化网点建设,支持演艺团体深入基层和农村演出。

4. 增强优质文化产品的供给

文化产品的供给不足,尤其是优质文化产品的供给不足,也是

制约居民文化消费的主要原因。目前,上海文化产品供需的产业链没有实现良性的互动。许多经营性文化产业混同于公益性文化事业,脱离市场,造成大量同质的文化产品浪费,创新性文化产品供给不足。

5. 上海要扩大电影、戏剧低价票

上海的电影、文艺演出等票价虚高问题还没有根本改变,这使得很多艺术作品难以飞入寻常百姓家,吓退了不少中低收入的消费者,抑制了文化消费需求的增长,所以应当适当降低电影、戏剧票价,吸引更多观众进入影院、剧场。

6. 上海要进一步建立实用耐用的文化设施

文化基础设施是居民文化消费得以实现的载体,目前虽然上海城乡文化基础设施建设走在了全国前列,但尚有很多不足。一些文化设施耗资巨大,如某些社区的文化艺术中心的文化设施耗资超过1亿元,光每年的维护费用就需要一大笔钱,很多基础设施往往只是面子工程,不实用,也不耐用。

7. 切实增加居民收入,率先建立和完善社会保障体系

上海要进一步提高劳动者报酬在国民收入初次分配中的比重,建立城乡统一和较为规范的社会保障制度。积极引导农村富余劳动力向非农产业转移,切实增加农民收入。[①] 要减少城市贫民

---

① 马玉琪:《居民文化消费对中国经济增长的影响分析》,《经济研究导刊》2012年第9期。

人数,使文化消费变成全体居民的消费。打压房价,降低交通费,完善养老制度,解决人们的后顾之忧,才能有效提高居民的文化消费能力。

8. 加强品牌建设,提升文化产品质量

在这一过程中,要用市场化的手段,通过充分有效的市场竞争,使资源向优质企业和产品集中,推动企业和产品的优胜劣汰,逐步形成一大批有国际竞争力的、经得起市场检验的高质量品牌企业和产品;加强宣传和市场营销,在全球树立中国品牌形象。要以质量创品牌,以品牌带市场,满足人们对高质量产品日益增长的需要。

9. 激发民间投资活力,补齐服务业短板

近些年来,我国社会领域新兴业态不断涌现,投资总量不断扩大,服务能力不断提升,但也仍然存在放宽准入不彻底、扶持政策不到位、监管体系不健全等问题。面对社会领域需求倒逼扩大有效供给的新形势,深化社会领域供给侧结构性改革,需进一步激发医疗、养老、教育、文化、体育等社会领域投资活力,着力增加产品和服务供给,不断优化质量水平,提升人民群众获得感。这些都需要新的体制机制制度性建设配套,才能实现整体提升上海消费水平的目标。

十、海派文化再次产业化的制度保障

海派文化再次产业化是上海文化产业发展的必由之路,要重点解决其制度保障难题,如此我们要分析目前存在的主要问题,并有所侧重地逐一解决。

(一) 要迅速转变上海的城市建设理念

凡世界著名的文化城市,如巴黎、伦敦、圣彼得堡、法兰克福、威尼斯等,都是以其独特的城市形象而著称于世,但城市是一个社会,不仅要宜居,而且要宜动。[①] 上海历史文脉悠久,各区城市规划

---

① 包括群体与个体的文化活动。

的制定,不仅要有城市设计规划的建筑学专家,以及相关的历史、民俗等专家,还要有当地的居民代表,①只有发挥当地居民在城市规划、设计、建设中的主体性作用,才能使各区域的城市规划充分反映当地的文化记忆。

这里要改变媒体经常宣传的建设理念,即"上海是东方巴黎、浦东是中国的曼哈顿",其实这是一个落伍的理念。上海就是上海,上海是中国的,上海应自有其东方神韵的文化风貌。

当下,媒体推介上海历史时往往是从元代出现"上海"这个地名——只有近700年历史开始介绍的,但实际上,上海有着灿烂的文明史。今天的上海区域已是民国时期上海的十几倍,市区是中西文化交汇处,近代孕育出都市"海派"文化,其中市民的民间文化是主体;郊区更多地传承了江南水乡的传统文化,其民间文化历史悠久、丰富多彩。②上海的非物质文化遗产就包括了"海派"文化和民间文化这两个部分。因此,我们要有"大上海"的整体视野,而非黄浦江畔一渔村。实际上,今天的上海区域历史上就出现过30个以上的经济、文化集萃的古镇及古城。元代以来,上海就是中国的棉纺织中心地。③ 如果有"大上海"的大视野,就能对上海的本土文化资源有一个比较完整的认识。

---

① 当下,上海的社区建设规划主要是规划部门的业务,已开始吸收部分历史学家、民俗学家参与,但居民代表几乎没有,这种状态亟需改变。
② 上海郊区不仅传承了江南的农耕文化,也开创了中国古代与近代的海洋文化,崇明曾经是郑和下西洋的出发点和停泊处,近代有崇明"海洋三杰"等。
③ 在中国古代,棉纺织是最重要的手工业之一。

（二）倾长三角之力来建设海派
##　　　 文化风貌一条街

上海有12个历史文化风貌区，如何发挥其都市文化旅游优质资源的潜力？需要新的理论指引和行之有效的法规、政策、制度、措施。我们建议倾长三角之力来建设海派文化风貌一条街，可以将衡山路历史文化风貌区建设成海派文化一条街，或以现在的土山湾博物馆为中心，将徐家汇蒲汇塘路建设成海派文化一条街，展示它的过去与未来，同时使之成为上海新的文化风貌区。海派文化的一些百年老店和部分项目都可以集中在海派文化一条街上开店展示，以此成为吸引国内外游人的上海特色旅游地。

建设海派文化一条街或海派文化风貌区可集中展示海派文化，包括历史的、现在的；精神的、物质的；静态的、活态的；参观的、体验的……总之，借助文化一条街或海派文化风貌区的平台，集中让人们感受、体验、记忆上海特有的文化魅力，以此留下深刻的烙印。

近30年来，世界各国流行起"文化寻根热"的风潮，对本土的民族原创性文化——民俗文化遗产的珍视，成为民族自尊与创造力的表达。因此，在国际重大活动，如奥运会、世博会中，举办国会千方百计展示本土的民俗文化。汉城奥运会开幕式以鲜明的韩民族民俗文化给世人留下了深刻的印象，悉尼则以有4万年历史的土著民俗文化作为其展示的主题,大阪世博会以其鲜明的大和民族民俗文化特色给世人打下深深的烙印。特别是建在万博公园的大阪国立民族学博物馆已经成为世界各族的民俗文化展示地、世界文化人类学的学术交流中心与博士生的培养基地。

文化产品只有保持其唯一性时,才能实现其内在的文化附加值。这方面加拿大的做法值得我们学习和借鉴。如多伦多、魁北克的印第安社区,生活设施已经相当现代化——全部是西式别墅,但门前仍然有古老的民俗信仰图腾的标记,在社区文化中心保留了原汁原味的民间信仰场景。每逢节假日,人们身着传统服饰,进行古老的萨满教仪式——唱古歌、跳图腾舞、吟诵祖先的英雄史诗,然后依照传统习俗阖族喜宴。社区文化中心不仅让游客参观,也是民间工艺品的生产基地,是当地印第安人的精神家园。

海派文化一条街(风貌区)的建设可以学习国外很多成功经验。我们要从文化旅游功能、文化产业功能、社区建设功能等多方面考虑,提出上海历史文化风貌区组建的新方案,充分融入海派文化这个上海特有的文化元素。

(三)海派文化资源为"一带一路"倡议服务的制度保障

海派文化资源能为"一带一路"倡议服务,因为它就是近代中国"一带一路"发展的结晶——中西文化融合的典范。在新时代,要通过其提升中国的文化软实力,就要及时为其提供制度保障。

首先要认识到:"一带一路"打造的国际命运共同体,文化是其重要的精神组成部分,因此文化产业也要为"一带一路"倡议服务。进一步完善"一带一路"和国际产能合作体制为海派文化的再次产业化提供了广阔天地。要深入贯彻实施"一带一路"建设规划及三年滚动计划,务实推进中蒙俄等六大国际经济合作走廊建设,加强与相关国家发展战略对接。完善上下联动、统一归口、高效运转的对内对外合作机制,形成推进国际产能和装备制造合作力。持续深化境外投资管理制度改革,健全风险评估、预警和应急处置机制,研究探索有效的事中事后监管和服务手段。设立人民币海外合作基金。落实外债登记制改革,为企业开展国际产能合作提供低成本融资渠道。特色文化产业是"一带一路"的突破点。中国要抓住"一带一路"的机遇,发展特色文化产业。要研究各国各种文化背景下的消费习惯和风俗因素,研究国外不同受众群体的文化传统、价值取向和接受心理,有针对性地开展适销对路的文化产品和服务,形成中国文化名牌。比如影视作品要想走出国门,过去我们在制作的时候,并没有太多考虑海外观众的欣赏习惯,只是单纯按照我国观众的口味来设计,这是很致命的问题。只有根据受众者的喜好创作出的作品,才是有生命力、有价值的作品,才是有市场的作品。当然,也不能一味地迎合西方文化,必须要有能够体现中国特色的东西。要充分挖掘"一带一路"的历史文化遗产,引导和动员民间力量开展丰富多样的文化交流活动,增强文化企业的竞争能力,提升产业层次、产品质量、科技含量、供应链管理和品牌打造能力,很好地为"一带一路"的倡议服务。

(四) 鼓励海派文化本土文艺创作的制度保障

上海本土素材很多,许多发生在上海的事件、人物都可以创作成文艺作品。如土山湾黄杨木雕大师徐宝庆,他出生于浙江台州县加排头村一户雇农家庭,1岁丧父,3岁丧母。外祖母含泪将他送到上海南市新普育堂,使他得以求生。7岁被转到徐家汇天主教会办的土山湾孤儿工艺院,10岁开始了艺术学徒的生涯,从此起步学习素描、绘画、铜匠活、木器家具的制作与设计;13岁开始学习雕塑和雕刻。得到一位精于西洋绘画艺术同时也深谙东方艺术的日本美术家田中德的指引。徐宝庆逐渐掌握了人体解剖学知识及明暗处理、分块分面的造型方法。他坚持每天练习素描和雕刻,常常练到深夜。两年后,他从绘画班转到雕刻工作室专攻雕刻,又得到另一位来自西班牙的雕刻家那勃斯戛斯的指点。徐宝庆刻苦学习,闯过一道道难关,终于学得了精湛的手艺。1952年12月,应著名雕塑家张充仁先生之邀,作为助手进入张充仁工作室工作。1955—1966年,他的雕刻技艺已经进入了全盛期。[①] 1957年赴京出席全国工艺美术艺人第一次代表大会,受到朱德副主席与

---

① 童人语:《遥望土山湾》,东方网。

其他中央领导的接见。1958年,他有5件近代木雕风格的代表作品被上海博物馆收藏。人民大会堂上海厅里一组《农》《林》《牧》《副渔》四大香樟木雕作品,都出自他手。1964年被轻工部授命为"雕刻工艺师"。"文化大革命"期间他也受到冲击,被逐出上海工艺美术研究所。"劳动下放"回来后,他艰难地重拾刻刀锲而不舍。1976年年底,回到久违的上海工艺美术研究所。后来,他又一次踏进北京参加全国工艺美术艺人创作设计人员第二次代表大会,会上被授予"为我国工艺美术事业作出重大贡献"的勋章。交通大学7.1米高的毛泽东像、上海文庙的孔子像、无锡风景名胜鼋头渚的龙龟等,都出自徐宝庆的手。这个从土山湾走出来的从艺近70个春秋的海派木雕大师的故事是上海本土文艺创作的好素材。

　　曾经对近代上海社会与经济发展产生过巨大影响的"宁波帮"也可以是上海本土史诗性题材的文艺创作素材。鸦片战争以后,随着外国资本主义的入侵,商人都涌向经济较发达的城市经商,形成了各种商帮,当时较著名的商帮有"广帮""徽帮""闽帮"等,而最有名气的是"宁波帮"。19世纪80年代,特别是90年代以后,上海的"宁波帮"以上海为基地,创造了100个左右的全国第一,涌现出一批"大王",抒写了中国工商业史上的百年辉煌。如1862年,镇海的叶澄衷在上海开设五金洋杂货店,这是上海第一家华人开设的五金号,后发展到全国各地设立分号38家,联号108家,被称为"五金大王";1897年,慈溪的严信厚、镇海的叶澄衷、定海的朱葆三在上海创办华人第一家银行——中国通商银行;1910年,奉化的王才运在上海南京路创设荣昌祥呢绒西服号,为上海西服业的鼻祖;1912年,镇海的方液仙在上海创办化学工业社,兴办我国第一家日用化工厂,生产牙粉、牙膏、蚊香、肥皂等,被称为中国日用化工奠基人;1922年,镇海庄市的董杏生开创了上海第一条公共汽车线——由静安寺到曹家渡的线路;1923年,定海的周祥生在上海创办祥生出租汽车行,至1937年,公司拥有分行22处,出租车230辆,居上海出租车行业之首……上海的许多百年老店如同仁堂、童涵春、蔡同德等著名药铺,亨得利、亨达利钟表店等都是宁波人经营的。这些具有开拓创新精神的"宁波帮"不仅深刻影响了上海社会与经济的发展,也影响了上海的文化发展,海派文化中有很多他们的影子和故事,这其中有数不尽的文艺创作素材。

要创作上海本土题材的舞台、影视作品,首先要让年轻人了解和掌握上海的历史、现在和未来,如此才能后继有人、可持续发展。

成立于1986年11月的上海文化发展基金会,近年来为上海文化事业的繁荣发展做了大量工作,如筹措文化发展资金、资助公益文化、扶植文化人才、推动文化创新、促进文化交流等。尤其是2013年开始创立起青年编剧资助扶持机制,对青年编剧项目实行单独申报、单独评审、专项资助、配套扶持,这为青年编剧搭建了创作孵化和人才激励平台,非常必要。我们建议上海文化发展基金会还应设立对青年编剧侧重创作本土史诗性题材的奖励项目。海派文化是上海本土史诗性题材的重要素材。如土山湾就可以堪比反映北京本土文化的长篇电视连续剧《大宅门》。电视剧《茶马古道》《乔家大院》《闯关东》等都是当地的史诗性题材,使所在地的文化特征快速传播。近 30 年来,上海成为文艺创作的重要城市,也是获得文艺大奖最多的城市之一,但很少有自己的本土史诗性题材的影视或舞台作品,这对弘扬海派文化、塑造上海城市形象很不利。所以建议将鼓励海派文化本土文艺题材的创作作为建设国际文化大都市的重点战略措施之一,并要长期坚持。希望上海文化发展基金会设立鼓励海派文化本土文艺题材创作的专门奖励项目,这些都需要有长期稳定的制度建设才能见效。

十一、上海实现长三角地区文化产业一体化的制度建设

近日,美国商务部对中兴的制裁,"精准打击"了中国高科技竞争力,其目的是要拖慢中国科技发展脚步,维持美国竞争优势,遏制中国经济增长的最大潜在动力,因此提高我国自主创新能力,持续提升自身的科技实力,迫在眉睫。在此背景下,促进长三角创新诸要素的自由流动,实现文化、经济一体化就有了紧迫性。1992年,长三角一体化包括16个城市,到今天已发展到30个城市(上海、无锡、宁波、舟山、苏州、扬州、杭州、绍兴、南京、南通、泰州、常州、湖州、嘉兴、镇江、台州、合肥、盐城、马鞍山、金华、淮安、衢州、芜湖、连云港、徐州、滁州、淮南、丽水、宿迁、温州等)。范围的扩大,需要进一步打破现有行政壁垒和既有利益格局,改变条块分割、资源分散的状况;及时建立能实现人才、技术、成果、资本等要素按市场需要流动的渠道。目前,在全球范

围内,"世界级城市群"有美国东北部大西洋沿岸城市群、北美五大湖城市群、日本太平洋沿岸城市群、英伦城市群、欧洲西北部城市群,而长三角城市群在世界仅排名第6。目前长三角经济总量约相当于全球经济总量的3.5%,预计在2025年可达到全球经济总量的5%。这就需要加快长三角一体化的步伐,认清世界级产业集群的产业要求,找出当下长三角的实际差距,明确未来的发展领域,这些都是建设好世界级产业集群必须解决的顶层设计问题。笔者就这些问题做了些调查和研究,协助上海完成好顶层设计,使长三角一体化有新的体制机制,创新能力从而也得以提升。

国际学术界在20年前提出的"超级文化区域"的理论与实践,可以视作是世界级产业集群的理论先声。最典型的是2010年我国科技文献出版社出版的美国学者乔尔·科特金《新地理:数字经济如何重塑美国地貌》一书,其中指出:随着数字技术和新经济的崛起,美国的文化经济地貌也在深刻地调整和转换,大都市会融合出版、电影、广告、新媒体、主题公园等产业,形成一种超大型的"文化产业复合体"。美国硅谷位于旧金山湾区南部,高科技云集,有谷歌、Facebook、惠普、英特尔、苹果、思科、英伟达、甲骨文、特斯拉、雅虎等大公司,融科学、技术、生产为一体。世界很多学者对此发表了诸多论著,使世界级产业集群理论深化。近年,国内的世界级产业集群的理论探索也开始兴起,围绕中国的长三角、京津冀、珠江城市群展开。这种理论探索的一个重要领域就是长三角地区文化产业一体化的制度建设。

（一）"超级文化区域"的理论
　　 提出与上海实践

美国学者乔尔·科特金所说的超大型的"文化产业复合体",实际上包含了文化园区的聚居特点,比如,伦敦的4万多家创意产业企业,大多分布在大伦敦都市区的东伦敦(工业区和工人住宅区)、南区(工商业和住宅混合区)、港口(伦敦塔桥至泰晤士河河口之间的地区),形成许多文化创意产业的集聚区。而东京的内容和媒体产业,包括占日本全国60%以上的出版、印刷、媒体机构等,则依托市内和城际的快速交通干道,依托卫星城来形成大小不等的组团和高效的文化产业链。

这种"超级文化区域"关键不在面积特别大,而在资源配置的科学性、主导理念的先进性和运作机制的有效性,如上海的张江文化产业园在仅有20万平方米的物业面积中,集聚了380多家文化企业,2011年,文化产业总产值达到716亿元,其中的数字出版产值达到150亿元,网络游戏产业占全国10%,被评为国家级"文化产业示范园区""文化和科技融合示范基地"。

这种"超级文化区域"可以有多元的文化包容性。比如上海世博园,以中华艺术宫、上海当代艺术博物馆为代表,开始形成经典艺术和现代艺术、民族精品与都市新锐并列的新格局,获得了国际上诸多好评。法国有1 300个博物馆,其中现当代艺术馆有202

个;英国有 1 850 个博物馆,其中现当代艺术馆有 94 个;西班牙有 1 125 个博物馆,其中现当代艺术馆有 69 个;奥地利有 370 个博物馆,其中现当代艺术馆有 32 个。这种对经典艺术和现代创意、精华传承与工业设计同样包容的氛围,鼓励了广大市民的文化参与性和创造热情。上海在已经建设成的大虹桥、临港地区和迪士尼周边地区等大型文化集聚区的建设中,需要更多体现这种多元包容的文化布局。

这种"超级文化区域"结合城乡一体化的建设,如果在广阔的上海郊区与长三角地区开展,形成合作发展的新模式,就能实现如英国城市学家埃比尼泽·霍华德在《明日的田园城市》中提出的著名的"田园城市"理念。它的核心为"自然之美、社会公正、城乡一体",这也正是实现美丽"中国梦"的具体实践。

(二) 打破行政壁垒,长三角文化产业一体化要错位发展

对区域发展来说,行政壁垒始终是一体化进程中的最大障碍,对长三角区域来说也不例外。近年来,随着国家已经开始将长三角地区视为一体化的发展战略,区域合作与交流日益成为长三角各地政府的共识。国务院颁布的《长江三角洲地区区域规划》对长三角地区各主要城市重点产业布局如何错位发展,进行了非常清晰、详尽的表述,提供了最重要的政策保障。

长三角要改变服务业比重过低、外贸依存度过高的经济结构，形成以服务经济为主、内外需协调拉动的经济结构，就要大力发展文化产业。

政府、行业协会、民间组织正在一起推动交通、金融、人才、社会福利保障等方面的长三角共享平台。成立于1996年的"长江三角洲城市经济协调会"近年扩展到22个成员城市。在近年的联席会议上，批准深化了长三角医疗保险合作、长三角金融合作、长三角会展合作等3个合作专题，新设长三角园区共建专题和长三角异地养老合作、长三角现代物流业整合和提升等课题。这些都为文化产业一体化创造了基本条件。

（三）长三角地区文化产业一体化的抓手与制度

海派文化虽然是近代在上海形成的，但也是长三角地区人们共同努力的结果。如在上海海派文化形成的民国初年，宁波人曾经对上海经济发展作出过杰出的贡献，这里也包括他们对海派文化的贡献。如今长江三角洲地区是我国经济最为活跃的地区。2009年，江、浙、沪三地GDP首次超过1万亿美元，成为全世界第十一大经济体。历史上，上海的海派文化对周边，尤其是长三角地区的经济文化发展起到过持久的影响，因此今天仍然可以将海派文化产业化作为长三角地区未来发展文化产业一体化的具体抓手。

有关制度建设的重点如下：

1. 建立文化企业退出机制的长三角地区的统一法规

要脚踏实地地提高长三角地区文化产业的经济与文化效益，必须为文化产业的去产能、去库存、去杠杆的体制机制建设有关制度，对某些"文化僵尸企业"有及时退出机制。

2. 进一步建立文化创新投资管理方式和投融资机制的地方法规

进一步打破行政主导和部门分割的现状，建立文化主要由市场决定技术创新项目和经费分配、评价成果的机制。精简投资审批，修改和废止有碍发展的文化行政法规和规范性文件。

3. 规范长三角地区一体的文化创新领军人物权利和义务的地方法规

要明确长三角地区一体的文化创新领军人物财物支配权和技术路线决策权等一定范围中的权利和义务，增加知识价值为导向的分配政策，提高科研人员由于成果转化而分享收益的比例。

结　语

　　海派文化是上海最有特色的文化资源,将海派文化资源转化为特色文化产业,是保护文化资源的必要之举,是实现上海第三次转轨建设国际文化大都市的需要,所以我们要使海派文化资源成为上海特色文化产业的核心竞争力。

　　哈佛大学的约瑟夫·奈教授提出了"文化软实力"一词,主要指把文化推广到世界的能力。"文化软实力"这个词虽然已经被中国人所熟知,但是国内一直对"文化软实力"有所误解,一谈"文化软实力"就是怎样卖电影、卖书籍等文化产品。实际上,"文化软实力"最核心的是有吸引力和说服力的价值观,还有科技、创新能力等,这些方面美国无疑是比较强大的,中国要在这些方面赶上去,还需要一个漫长的发展过程。

　　海派文化的新使命是给全国起表率作用,振兴特色文化产业,稳步走向国际市场,通过自己有个性又有亲和力的文化产品,传播中华民族的文明成就与核心价值观,提升中国的文化软实力。

参考文献

[1] 龙永图、吴冰冰、于运全：《"一带一路"案例实践与风险防范》，海洋出版社 2017 年版。

[2] 刘卫东：《"一带一路"引领包容性全球化》，商务印书馆 2017 年版。

[3] 孙玉华、刘宏：《"一带一路"与东北亚区域合作》，时事出版社 2017 年版。

[4] 赵江林：《"一带一路"：多边范式与推进路径》，中国社会科学出版社 2017 年版。

[5] [英]彼得·弗兰科潘：《丝绸之路：一部全新的世界史》，浙江大学出版社 2016 年版。

[6] 胡伟：《"一带一路"打造中国与世界命运共同体》，人民出版社 2016 年版。

[7] 张国栋、柯力：《妈祖文化与当代社会》，厦门大学出版社 2016

年版。

[8] [俄]叶莲娜·伊菲莫夫纳·库兹米娜:《丝绸之路史前史》,科学出版社 2015 年版。

[9] [美]比尔·波特:《丝绸之路》,四川文艺出版社 2013 年版。

[10] [英]吴芳思:《丝绸之路两千年》,山东画报出版社 2008 年版。

[11] [日]平山郁夫:《悠悠大河》,三联书店 2008 年版。

[12] [英]苏珊·惠特菲尔德:《丝路岁月》,海南出版社 2006 年版。

[13] [法]让-诺埃尔·罗伯特:《从罗马到中国》,广西师范大学出版社 2005 年版。

[14] 杨旸主编:《明清东北亚水陆丝绸之路与虾夷锦研究》,辽海出版社 2001 年版。

[15] [伊朗]劳费尔:《中国—伊朗》,商务印书馆 2001 年版。

[16] 季羡林:《敦煌学大辞典》,上海辞书出版社 1998 年版。

[17] [法]Jean-pierre Driege:《丝绸之路——东方和西方的交流传奇》,上海书店出版社 1998 年版。

[18] 色音:《东北亚的萨满教:韩中日俄蒙萨满教比较研究》,中国社会科学出版社 1998 年版。

[19] [日]北海道开拓记念馆:《山丹交易 蝦夷錦をもたらした北方交易の道》1995 年版。

[20] [英]彼得·霍普科克:《丝绸之路上的外国魔鬼》,甘肃人民出版社 1983 年版。

图书在版编目(CIP)数据

上海文化产业供给侧改革的制度研究/王海冬著.
—上海：上海社会科学院出版社，2018
ISBN 978-7-5520-2447-0

Ⅰ.①上… Ⅱ.①王… Ⅲ.①文化产业—改革—研究—上海 Ⅳ.①G127.51

中国版本图书馆 CIP 数据核字(2018)第 188185 号

上海文化产业供给侧改革的制度研究

著　　者：王海冬
责任编辑：董汉玲
封面设计：周清华
出版发行：上海社会科学院出版社
　　　　　上海顺昌路 622 号　邮编 200025
　　　　　电话总机 021-63315900　销售热线 021-53063735
　　　　　http://www.sassp.org.cn　E-mail:sassp@sass.org.cn
排　　版：南京展望文化发展有限公司
印　　刷：常熟市大宏印刷有限公司
开　　本：710×1010 毫米　1/16 开
印　　张：7.5
插　　页：2
字　　数：76 千字
版　　次：2018 年 8 月第 1 版　2018 年 8 月第 1 次印刷

ISBN 978-7-5520-2447-0/G·773　　　　定价：48.00 元

版权所有　翻印必究